24,-

V&R

W0172138

Dienst am Wort

Die Reihe für Gottesdienst und Gemeindearbeit

70

Die Ich-bin-Worte Jesu

Verlag Vandenhoeck & Ruprecht
in Göttingen

Die Ich-bin-Worte Jesu

Texte, Kommentare, Entwürfe

Von
Johannes Winkel

Mit 1 Abbildung und 1 Dia

Verlag Vandenhoeck & Ruprecht
in Göttingen

Für
Eva-Maria

Die Deutsche Bibliothek – CIP-Einheitsaufnahme

Winkel, Johannes: Die Ich-bin-Worte Jesu:
Texte, Kommentare, Entwürfe / Johannes Winkel. –
Göttingen: Vandenhoeck und Ruprecht, 1995
(Dienst am Wort; Bd. 70)
ISBN 3-525-59334-1
NE: GT

© Vandenhoeck & Ruprecht, Göttingen 1995. Printed in Germany. Ohne ausdrückliche Genehmigung des Verlages ist es nicht gestattet, das Buch oder Teile daraus auf foto- und akustomechanischem Wege zu vervielfältigen.
Satz: Grohs, Landolfshausen.
Druck und Bindearbeit: Hubert & Co., Göttingen.

Inhalt

Quellennachweis 6

Vorwort 7

Die sieben Ich-bin-Worte

Das Brot des Lebens 11
JOHANNES 6,24–59

Das Licht der Welt 33
JOHANNES 9,1–7.35–41; 8,12

Die Tür 55
JOHANNES 10,1–10

Der gute Hirte 69
JOHANNES 10,11–18.27–30

Die Auferstehung und das Leben 84
JOHANNES 11,1–46

Der Weg, die Wahrheit und das Leben 109
JOHANNES 13,31–14,7

Der wahre Weinstock 123
JOHANNES 15,1–8

Anhang: Horizonte

Die Geburt aus dem Geist 143
JOHANNES 3,1–9

Das Wasser des Lebens 147
JOHANNES 4,5–15

Die Kreuzigung 151
JOHANNES 19,16–30

Der Ostermorgen 156
JOHANNES 20,1–18

Quellennachweis

1 Selma Meerbaum-Eisinger, Poesiealbum 166, Neues Leben, Berlin 1981:3

2 Günter Kunert, Warnung vor Spiegeln. Gedichte, © 1970 Carl Hanser Verlag, München-Wien

3 Lutz Rathenow, Mit dem Schlimmsten wurde schon gerechnet (1984), Erzählungen, Piper (SP 935), München 1989:145

4 Lausitzer Rundschau, 14.08.1993:4

5 Nikodemus-Evangelium IV (XX).3, in: Edgar Hennecke / Wilhelm Schneemelcher(hg), Neutestamentliche Apokryphen in deutscher Übersetzung, Band I, EVA, Berlin 1961:350

6 Philipp Spitta, Bei dir, Jesu, will ich bleiben (1829), in: Evangelisches Gesangbuch, Berlin – Leipzig 1993:406,1–4

Umschlagrückseite:

John Milton, Die staatliche Gewalt in Kirchenangelegenheiten (1659), in: Zur Verteidigung der Freiheit, Sozialphilosophische Traktate, Reclam, Leipzig 1987:134

Vorwort

Die Ich-bin-Worte Jesu sind die auffälligste Stileigentümlichkeit des Johannes-Evangeliums, das ohne Übertreibung zu den bizarrsten Schriften des Neuen Testaments gezählt werden kann. Der Jesus des Johannes-Evangeliums sagt fünfmal mehr betont „Ich" als der Jesus der anderen drei Evangelien zusammen. An Selbstbewußtsein mangelt es also nicht.

Ich-bin-Aussagen können unterschiedliche Funktion haben. Wer „Ich bin" sagt, präsentiert, empfiehlt sich selbst. „Ich bin" kann für sich selber reden – ist es doch das im ewigen Anfang aller Dinge gesprochene Wort Gottes, das „Fleisch wurde und unter uns wohnte" (Joh 1,14), um seinen Geschöpfen in deren eigener Umgebung zuvorzukommen. „Ich bin" war sich über die Gründe und die Konsequenzen seines Tuns sehr wohl im klaren und wird es auch in Zukunft sein. Wer auf sich zeigt, gibt sich zu erkennen. Mit „Ich-bin" kann die Legitimität des geäußerten Anspruchs unterstrichen oder bestätigt werden. Wiederholtes „Ich bin" dient der Belehrung und bildet oft deren erregenden Höhepunkt. Es kann zur Formel erstarren und fast wie ein Titel verwendet werden, doch weder einen Ungeborenen noch einen Toten hat man je „Ich bin" sagen hören (vgl. 2. Mose 3,14; 20,2; Jes 43,11; 44,6.24; 45,5; 48,12; Sir 24,18). Die Ich-bin-Worte sind Spitzensätze des johanneischen Christuszeugnisses.

Spitzensätze dürfen nicht isoliert werden. Dies gilt insbesondere für die sieben Ich-bin-Worte Jesu im Johannes-Evangelium, die im Zusammenhang dieser Schrift verstanden werden wollen – nicht aber aufgrund eines freien Assoziierens der johanneischen Bildsprache, die so bildhaft gar nicht ist, wie allgemein angenommen wird. Wer beispielsweise von Christus als dem „Brot des Lebens" zu predigen unternimmt, sehe zu, ob es um den Gekreuzigten als der Speise zum ewigen Leben geht, oder ob nicht etwa nur die eigenen Backstubenerfahrungen verschöngeistlicht sind. Wer erkennt, daß Licht Leben fördert, Leben des Lichtes bedarf, äußert sich als Biologe. Ob er aber „das Licht des Lebens", die Herrlichkeit des Gotteswortes im Fleische sah?

Das Johannes-Evangelium ist in jeder Hinsicht – eine Zumutung. Es rückt dem Leser auf den Pelz und macht ihm das Leben schwer. Will er's leicht haben, mag er sich zu Paulus flüchten, wo ihn leider auch alles andere als leichtverdauliche Kanzelware empfängt. Gehe er nur frisch ans Werk und lasse den Mut nicht sinken! Das Symbol des Evangelisten Johannes ist der Adler – nicht der Papagei.

Der Aufbau dieses Buches orientiert sich an der Abfolge der Texte im vierten Evangelium. Die Ausführungen zu den einzelnen Ich-bin-Worten wurden nach folgendem Grundmuster erstellt:

A:	Textsegment	in strukturierter deutscher Übersetzung
B:	Kommentar	kurzgefaßte Texterschließung
C:	Predigt	textnahe Auslegung
D:	Gebet	
E:	Meditation	verknüpfender Versuch
F:	Kontrast	illustrativer (Gegen-) Text
G:	Entwurf	Gemeindeabend · Familiengottesdienst Vortrag · Kindergottesdienst Lied · Bildbetrachtung

In einigen Abschnitten sind bestimmte Textsorten (C, D, E oder G) aus mancherlei Gründen ausnahmsweise nicht vorhanden. Abwechslung muß sein. Sechs Leerstellen sind zu verschmerzen.

Im Anhang werden vier weitere Texte, die zum Verständnis der Ich-bin-Worte im Johannes-Evangelium unentbehrlich sind, herangezogen und textnah ausgelegt. Außerdem konnte ein Dia beigefügt werden, worüber ich mich besonders freue.

Dank gebührt all jenen, die mich während der Arbeit nicht gestört haben, wie jenen, deren Störung sich als fruchtbar erwies. Besonderen Dank schulde ich Andreas Staemmler, der mit Rat und Tat zur Stelle war, wenn der Adler bei seiner Befragung ab und an die Gestalt einer Sphinx annahm oder die eigenen Flugversuche mit einem erstaunten Kopfschütteln begleitete.

Johannes Winkel

Die sieben Ich-bin-Worte

Das Brot des Lebens

Johannes 6,24–59

Ich bin das Brot des Lebens.

Wer zu mir kommt,
wird nicht hungern;
wer an mich glaubt,
nimmermehr dürsten.

24 Als nun die Vielen sahen,
daß er nicht dort war,
aber auch seine Jünger nicht,
bestiegen sie selbst die Boote
und fuhren nach Kapernaum,
um Jesus zu suchen.
25 Sie fanden ihn am Ufer des Sees
und sagten zu ihm:
„Rabbi,
wann bist du hier angekommen?"
26 Jesus antwortete ihnen
und sagte:
„Amen, Amen, ich sage euch:
Ihr sucht mich nicht,
weil ihr Zeichen gesehen,
sondern weil ihr von den Broten gegessen habt
und satt geworden seid.
27 Jagt nicht der verderblichen Speise nach,
sondern der zum ewigen Leben bleibenden Speise,
die euch der Menschensohn geben wird!
Denn diesen hat der Vater, Gott, beglaubigt."
28 Da sagten sie zu ihm:
„Was sollen wir tun,
daß wir den Werken Gottes nacheifern?"
29 Jesus antwortete
und sagte zu ihnen:
„Dies ist das Werk Gottes:
ihr glaubt an den,
den jener gesandt hat!"

30 Da sagten sie zu ihm:
„Was tust denn du für ein Zeichen,
daß wir sehen und dir glauben?
Was wirkst du?
31 Unsere Väter aßen in der Wüste das Manna,

wie geschrieben steht:
Brot aus dem Himmel gab er ihnen zu essen."
32 Da sagte Jesus zu ihnen:
„Amen, Amen, ich sage euch:
Mose hat euch nicht *das* Brot aus dem Himmel gegeben,
sondern mein Vater gibt euch *das* Brot aus dem Himmel,
(und zwar) das *wahrhaftige.*
33 Denn das Brot *Gottes* ist der,
der aus dem Himmel herabsteigt
und der Welt Leben gibt."
34 Da sagten sie zu ihm:
„Herr,
gib uns allezeit *dieses* Brot!"
35 Jesus sagte zu ihnen:
„*Ich* bin das Brot des Lebens.
Wer zu mir kommt,
wird nicht hungern;
wer an mich glaubt,
nimmermehr dürsten.
36 Aber euch sagte ich,
ihr habt gesehen
und glaubt nicht!
37 Alles, was mir der Vater gibt,
wird zu mir kommen,
und wer zu mir kommt,
den werde ich gewiß nicht hinauswerfen.
38 Denn ich bin vom Himmel herabgestiegen,
nicht um meinen Willen zu tun,
sondern den Willen dessen,
der mich gesandt hat.
39 Dies aber ist der Wille dessen,
der mich gesandt hat,
daß ich ein jedes,
das er mir gegeben hat,
nicht vernichte,
sondern es auferwecke am letzten Tag.
40 Denn dies ist der Wille meines Vaters,
daß jeder, der den Sohn sieht

und an ihn glaubt,
ewiges Leben hat,
und ich ihn auferwecke am letzten Tag."

41 Da murrten die Juden über ihn,
weil er gesagt hatte:
Ich bin das herabgestiegene Brot aus dem Himmel.
42 Und sie sprachen:
„Ist dies nicht Jesus,
der Sohn Josephs,
dessen Vater und Mutter wir kennen?
Wie kann er jetzt sagen,
aus dem Himmel bin ich herabgestiegen?"
43 Jesus antwortete
und sagte zu ihnen:
„Murrt nicht untereinander!
44 Niemand kann zu mir kommen,
wenn nicht der Vater,
der mich gesandt hat,
ihn erzieht,
und ich ihn auferwecke am letzten Tag.
45 In den Propheten steht geschrieben:
Sie werden alle von Gott gelehrt sein.
Jeder, der vom Vater gehört hat und lernt,
kommt zu mir.
46 Nicht daß einer den Vater gesehen hat,
außer dem, der von Gott ist.
Dieser hat den Vater gesehen.
47 Amen, Amen, ich sage euch:
Wer glaubt,
hat ewiges Leben.
48 Ich bin das Brot des Lebens.
49 Eure Väter aßen in der Wüste das Manna
und starben.
50 Dieser ist das Brot,
das vom Himmel herabsteigt,
damit, wer von ihm ißt,
nicht stirbt.

51 Ich bin das Brot,
(bin) der Lebendige,
der aus dem Himmel Herabgestiegene.
Wenn jemand von diesem Brot ißt,
er wird leben in Ewigkeit:
Das Brot aber,
das ich geben werde,
ist mein Fleisch für das Leben der Welt."

52 Da stritten die Juden miteinander:
„Wie kann dieser uns (sein) Fleisch zu essen geben?"
53 Darauf sagte Jesus ihnen:
„Amen, Amen, ich sage euch,
wenn ihr nicht das Fleisch des Menschensohnes eßt
und sein Blut trinkt,
habt ihr nicht Leben in euch.
54 Wer mein Fleisch kaut
und mein Blut trinkt,
hat ewiges Leben,
und ich werde ihn auferwecken am letzten Tag.
55 Denn mein Fleisch ist wahrhaft Speise
und mein Blut wahrhaft Getränk.
56 Wer mein Fleisch kaut
und mein Blut trinkt,
bleibt in mir,
und ich in ihm.
57 Wie mich der lebendige Vater sandte,
und ich durch den Vater lebe,
so wird auch jener,
der mich kaut,
durch mich leben.
58 Dieser ist das aus dem Himmel herabgestiegene Brot
– nicht wie die Väter aßen und starben.
Wer dieses Brot kaut,
wird leben in Ewigkeit."
59 Dies sagte er,
als er in der Synagoge zu Kapernaum lehrte.

Kapitel 6 des vierten Evangeliums beginnt mit Erzählungen von der Speisung 6,1–15 und dem Seewandel (6,16–21). Der Evangelist hat sie der Semeia-Quelle (vgl. Mk 6,30–52) entlehnt und den von ihm konzipierten Gesprächsgängen 6,22–59. 60–71 (vgl. Mk 8,1–21.27–33) vorangestellt. Gegenüber Mk 6,30–44 (vgl. 2.Kön 4,42ff.) sind Wundertäter und -tat, eine Brotvermehrung wird nicht ausdrücklich erwähnt, erheblich gesteigert. Jesus sieht das Volk kommen, nutzt die Gelegenheit jedoch zum Jünger-Test (6,5f.; Mk 6,35f.). Zweihundert Denare wären nun zu knapp bemessen, eine humanitäre Maßnahme einzuleiten (6,7; Mk 6,37). Bei den Vorbereitungen zum Mahl und bei der Verteilung von Brot und Fisch kann Jesus auf die Mithilfe seiner Jünger verzichten (6,8f.11; Mk 6,38.41; 8,6). Sie sammeln ausdrücklich nur die Reste (6,12f.; Mk 6,43; 8,8). Das begeisterte Credo der galiläischen Mahlgenossen 6,14 (Mk 6,44) möchte er, im Unterschied zu 6,68f., allerdings nicht akzeptieren, da sie ihn zu greifen versuchen, um ihm, ihrem angehimmelten Brotgeber, möge er nie versiegen, die Krone aufzusetzen (6,15).

Auch die Geschichte vom Seewandel, die 6,60–71 vorbereitet, unterscheidet sich von Mk 6,45–52 in mehrfacher Hinsicht. Sie ist aus der Sicht der Jünger im Boot entworfen und zeigt, woran diese Anstoß nehmen werden: der Abend kommt, sie, die Jesus-Nachfolger, steigen vorläufig nicht mit ihm auf (13,33), sondern hinab (!) zu ihrer Fahrt, auf der sie ins Uferlose geraten. Finster war es geworden, Jesus war noch nicht zu ihnen gekommen. Immer noch nicht. Stattdessen der See hellwach, weil ein kräftiger Sturmwind blies. Da schreitet einer in furchterregender Erscheinung auf dem Wasser einher, nähert sich ihnen, den Untergehenden, aus ihrem Ende und gibt sich ihnen im Zuspruch zu erkennen. Bevor sie Jesus zu sich ins Boot nehmen wollen, führt er sie mit sich. Sofort sind sie am Land, auf das sie zuhielten. Die Jünger sind, als wären sie durch Jesus hindurchgefahren, am Ziel angekommen.

Im Eingangsgespräch der Brotrede 6,(22f.)24–29 entgegnet Jesus den nach ihm fahndenden Galiläern, sie suchten ihn nicht, weil sie Erweise seiner Herrlichkeit gesehen, sondern weil sie von den Broten gegessen haben und künftig ebenso gesättigt zu werden verlangten. Sie sollten lieber nach der „zum ewigen Leben bleibenden Speise“ trachten, die ihnen der von Gott beglaubigte Menschensohn geben wird (6,27; 6,38ff.). Die Galiläer hören das als Tadel. Neugierig fragen sie, was sie tun sollen, um sich den Werken Gottes gemäß zu verhalten (6,28). Jesus antwortet, das Werk Gottes (man beachte Singular und Subjektwechsel!) an ihnen sei dies, daß sie an den glauben, den jener gesandt hat (6,29; vgl. 5,36ff.).

Der nächste Gesprächsgang 6,30–40 beginnt mit der Frage, was denn Jesus für ein Zeichen wirke, daß sie sehen und *ihm* glauben. Sie hätten sich im Laufe der Zeit ja schon über so vieles wundern müssen. Ihren Vätern in der Wüste etwa sei „das Manna“, „Brot vom Himmel“ zu essen gegeben worden (6,31; vgl. 2.Mose 16,15!; Ps 78,24; 1.Kor 10,1ff.). Die galiläischen Gesprächspartner verstehen sich von ihren (!) Vätern her und halten Jesus die Wundergabe der Wüstenzeit entgegen. Wie Jesus in 4,5–14 dem tiefen Brunnen, den Jakob den Joseph-Samaritanern gab, gegenübergestellt ist, so nun hier *dem* Manna, „Brot aus dem Himmel“, das Mose gab. Gewiß habe ihnen ihr Wunder-Mose einst das Manna, nicht aber *das* „Brot aus dem Himmel“ gegeben, das *wahrhaftige,* das Gott ihnen *gibt.* Dieses Brot sei *der*, der vom Himmel *herabsteigt* und der Welt *Leben gibt* (6,32f.). Da bitten sie ihn, er möge ihnen allezeit *dieses* Brot geben (6,34; 4,15). Mit 6,35 kommt Jesus auf den Punkt: Wovon die Manifestationen seiner Herrlichkeit zeugten (nämlich von der Einheit mit dem Vater) und wovon soeben die Rede war, bin *ich:* „Ich bin das Brot des Lebens.“ Auf dieses Selbstbekenntnis Jesu folgt seine doppelt positive (6,35c; vgl. Sir 24,21!; 2.Mose 16,5), was sie angeht, seine einfach negative Feststellung (6,36). Wie kommt Jesus zu diesem Urteil? Die Galiläer fanden sich immerhin bereit, von ihrem Wunsch, der „in die Welt gekommene Prophet“ möge ihnen endlos Brote spendieren, abzurücken. Sie waren sogar bereit, ihre vergleichende Zeichentheorie und Geschichtsphilosophie (vergangene Wunder erhellen gegenwärtige) hinter sich zu lassen. Das alles freilich in der Hoffnung, den ihnen nur zu bekannten Hunger allezeit gestillt zu bekommen (3,4; 4,15). Sein Selbstzeugnis befremdet sie und muß sie befremden. Jesus weiß es, ehe es die Galiläer wissen und sich dazu äußern (6,41; vgl. 1,5.10f.; 2, 24f.).

Das erste ausgeführte Ich-bin-Wort 6,35 in der ersten Großrede Jesu im Johannes-Evangelium ist sorgfältig vorbereitet. Alle für die Brotrede benötigten „Backzutaten" kamen schon jeweils für sich zu Wort (2,18–21; 3,1–21; 4,1–42). Das „Speise"-Motiv findet erstmals 4,31–38 bei der Umschreibung der endzeitlichen Aufgabe des Gesandten Erwähnung. Die Erntezeit ist nahe. Schon erhält der Schnitter (der Sohn) Lohn, um den Ertrag für das künftige Leben, den er, zum Beispiel als „das Brot des Lebens", ermöglicht haben wird, einzusammeln (3,18f.). Dabei werden die Jünger helfen (4,38; 6,12; 21,1ff.). Das Ich-bin-Wort 6,35 antwortet auf die Frage, wer und was der Christus ist. Der Mensch mit seinen Sorgen und seinen Lebenswünschen spielt weder die erste noch die zweite Geige! Weil „Leben" nach Johannes *das* Prädikat des Vaters ist, sind „Wasser", „Brot" oder „Licht" des Lebens als die Prädikate des Sohnes von daher zu verstehen. Sie kennzeichnen Christus als *den* vom Vater gesandten *Mittler* für die Menschen auf jenes „Leben" hin.

Ohne 6,36 weiter zu verfolgen, erläutert Jesus 6,37–40 seine Sendung. Die Zentralaussage 6,35b soll im Zusammenhang eines mit- und aufeinander abgestimmten göttlichen Agierens gesehen werden. Für alles, was ihm der Vater gibt, wird er sein, was er nach dem Willen des Vaters sein und ausführen soll. Man bemerke auch hier die auffälligen Doppelausdrücke vom Geben, vom Senden, vom Willen des Vaters. Dasselbe gilt für das Tun des Sohnes (vgl. 3,31–36; 5,19–23). Der Vater gibt den Sohn. Der Sohn gibt den Menschen das Leben. Alles, was der Vater dem Sohne anvertraut, wird selbstverständlich zu ihm kommen, an ihn glauben, das ewige Leben schon im vergänglichen Dasein haben, auferweckt werden am letzten Tag.

Gemurrt muß sein. Der Widerspruch der Galiläer, die sich für den Evangelisten nun als „die Juden" zu erkennen geben, entzündet sich nicht daran, daß der das Brot Gottes ist, der aus dem Himmel steigt und der Welt Leben gibt. Sie maulen, weil Jesus behauptet, daß *er* jenes herabgestiegene Brot sei (6,33.

35b.41). Schließlich kennen sie ihn, den Sohn Josephs, sie kennen seine Eltern (6,42). Eingangs, als sie Jesus noch bewunderten und ihn zum König machen wollten, hatten sie dieses Haar in der Suppe noch nicht entdeckt. Im dritten Gespräch 6,41–51 geht es um die Frage, woher es eingesehen werden könne, daß Jesus *der Herabgestiegene* ist. Antwort: Jesu wahre Herkunft klärt der unsichtbare Vater (1,18; 4,23f.) auf (6,44f.; vgl. 5,31f. 37). Die Zeugen des Wortes, das Fleisch wurde, und ihr Zeugnis, seine eigenen Werke künden davon (vgl. 5,33.35f. 39). Die Wahrheit wird durch die Wahrheit, durch sie wahrhaftig sofort erkannt. Wen der Vater „zieht" und „lehrt" (6,44.65), wer „vom Vater gehört hat und lernt, kommt zu mir" (6,45; vgl. Jes 54, 13). Nur unter dieser Prämisse kann einer zu Jesus kommen, da wären sie gekommen, um an ihn zu glauben, da hätten sie ewiges Leben. Wieso beklagen sie sich über ihn alle (6,43)? Wo sie recht haben, haben sie recht: Vom Vater her, den sie kennen müßten, obgleich nur der Sohn ihn gesehen hat (6,46), wird der Sohn erkannt (vgl. 14,7–11). Vom Vater als dem Sprechenden her sein gesprochenes und gesandtes Wort. Mit 6,47–51 wird 6,31–35 noch einmal von hinten aufgerollt, genauer, von der Mitte, der Schnittstelle her (6,35), wo der Gesandte die Galiläer mit sich selbst konfrontiert und wo sich gegebenenfalls jenes „Hinübergehen" als das Werk des Vaters ereignet (5,24f.; vgl. 1,9–13; 10,7.9). „Glaubend" oder „im Glauben" kommt niemand zu Jesus. Wer glaubt, ist gekommen, wurde „von oben geboren" (3,3–15), vom Vater „erzogen" (6,44).

Zum ersten Mal und wiederum doppelt ist 6,50f. vom *Essen* des herabgekommenen Gottesbrotes – das ist neu, wegen 6,51c sogar erschreckend neu! – und den Folgen, die dieses Essen hat, die Rede. Übrigens auch wieder nur in einfachem Gegensatz zum Manna-Essen der Väter in der Wüste und dessen Folgen (6,49; vgl. 6,36.58).

Woher kommt der von Jesus nicht gewollte, um so unheimlicher sich formierende Widerstand gegen ihn? Warum müssen sich auch die galiläischen Jesus-Fans in ihrer sich so angenehm von den anderen abhebenden Art als waschechte Judäer, als Söhne ihrer Väter, als Mucker in der Wüste zu erkennen geben? Erzieht sie denn der Vater nicht, daß sie erkennen, wie erkannt werden muß? Oder wehren und sträuben sie sich gerade dagegen mit allen Mitteln? Ob sie durch ihr Gemaule hindurch Jesu Weisung 6,43 hören? Ob die Jünger, die sich als ihnen ebenbürtige, nur etwas verständiger protestierende Leute erweisen (6,60), erweisen lassen müssen (6,70f.), dieselbe Weisung 6,20 hören können und nicht lieber (Toleranz predigend!) weggehen wollen (6,68)? Wohin nur im Boot auf hoher See, da Jesus im Sturm und in der Finsternis auf dem Wasser einherschreitet?

6,51c löst den vierten Dialog aus (6,52–59), in welchem Jesu künftige Selbsthingabe als *das Ziel* seines irdischen Weges – der Anfang seiner Erhöhung als Menschensohn – in den Blick tritt. Das 6,33 angekündigte *Geben des Herabgekommenen* wird entfaltet: „Das Brot aber, das ich geben werde, ist mein Fleisch für das Leben der Welt“ (vgl. 2. Mose 16,8). „Die Juden“ sind platt. Sie streiten, „wie dieser“ – der ist doch auch nicht mehr als wir! – ihnen „(sein) Fleisch zu essen geben“ kann (6,52). Ihr entgeistertes Fragen nach seinem Können, bei dem sie sich untereinander in die Wolle kriegen, wird so beantwortet, daß es einzig darauf ankommen wird, sein „Fleich zu kauen“ und sein „Blut zu trinken“ (6,53).

In diesem kannibalisch anmutenden Teil der Rede ist mit 6,53 (in eigenwilliger Anspielung auf das Herrenmahl) zunächst negativ abgrenzend die Kondition bekräftigt: „Wenn ihr nicht das Fleisch des Menschensohnes eßt und sein Blut trinkt, habt ihr nicht Leben in euch.“ Nicht, als ob sie es sich aussuchen oder sich dazu entschließen könnten. Hier konditionieren allein sein Entschluß und seine Wahl. Weil es seine Bedingung ist, unter der er sich geben, sein Fleisch für das Leben der Welt geben wird, darum ist es auch ihre Bedingung, unter der sie das Leben empfangen. Außerhalb oder abseits davon, unter noch zu verhandelnden Konditionen womöglich, werden sie es, wie sie sich auch winden und wenden mögen, mit an Sicherheit grenzender Sicherheit nicht haben.

„Wer mein Fleisch kaut und mein Blut trinkt“, für jenen hat, so betont 6,54, das Geben des Menschensohnes Folgen, und zwar in doppelter Hinsicht: einmal im Blick darauf, was jemand, der diese Speise ißt und diesen Trank trinkt, davon hat, haben wird, zum anderen im Blick darauf, was Jesus am letzten Tag tun wird. Die Gedankenführung folgt 6,40. Drei bemerkenswerte Zuspitzungen sind erkennbar. Sprach Jesus zunächst vom Willen seines Vaters, den er gehorsam (das Gegenteil verneinend und ausschließend!) an den ihm vom Vater gegebenen Menschen zur Ausführung bringt (6,37–39), so spricht er 6,53 bejahend von seinem eigenen freien Geben. Ging es zuvor um das Sehen des Sohnes und das Glauben an ihn, so hier um das Geben des Sohnes und das Kauen daran, was er gibt (6,54). Wie 6,35 ist auch 6,54 in die Ich-Form gekleidet, wobei die Variation auffällt. „Mein Fleisch kauen“ und „mein Blut trinken“ zieht aus, was 6,35c weniger anstößig „zu mir kommen“ bzw. „an mich glauben“ hieß. Die Verse 6,55–57 begründen und erläutern das 6,53f.Gesagte nochmals der Reihe nach und schaffen den vertrauten Doppeleffekt. In Gestalt einer feststellenden Behauptung möchte 6,55 begründen, weshalb *sein Fleisch* und *sein Blut* „ewiges Leben“ schaffen. Sie schaffen es, da sie *wahrhaft* Speise bzw. *wahrhaft* Getränk, nach 6,27 keine verderbliche, sondern bleibende Speise zum Leben sind. „Ewiges Leben haben“ soll nach 6,56 als ein (ewiges!) Bleiben „in Christus“ und als ein (ewiges!) „Bleiben Christi“ an den noch im Fleische weilenden Menschen verstanden werden. Zu diesem *Bleiben* kommt es, weil es ein endgültiges Hineingehen des Gottessohnes in die gegen ihn aufmuckende, zerstrittene, nichtglaubende und sogar schon glaubende Menschenwelt geben wird, eine Speise (4,32!), die ihr Nahrung werden und zum ewigen Leben in der Todesverfallenheit allen Fleisches dienen muß. Indem sie sein Fleisch kauen und sein Blut trinken (= *mich kauen* /6,57), stopfen sie ihn nicht in sich hinein. Sie werden vielmehr, wenn er seinen Weg zu Ende gegangen ist, *in/an ihm sein* und insofern in/an ihm *bleiben,* als sie sich davon nähren, womit er sie nährt. Als der sich ihnen Hingebende, nur so, so aber wirklich, bleibt er bleibend in/an ihnen. Er wäre nicht der lebendigmachende Herr, das Brot des Lebens, würde er ihnen etwas anderes geben als sein Fleisch und Blut. Deshalb wird es die Auferweckung am letzten Tag geben durch den, der durch den Vater lebt (6,57; vgl. Röm 5,8–10; 6,1–11; 2.Kor 4,7–11).

Mit 6,57 und 6,63 ist ausgeschlossen, daß „Fleisch und Blut" als geistliche Substanzen, als an und für sich vitaminreiche oder wunderwirkende Nahrungsmittel zum ewigen Leben verstanden werden. Ein Wort wie „Ich bin das Fleisch (und das Blut) des Lebens" wäre undenkbar. Jesus gibt kein Fleisch höherer Qualität, kein blaues Wunder-Blut. Der gesandte Sohn gibt *sich*. Er gibt, indem *er* im Fleisch sterben, das ihm Widersprechende in seiner Hingabe töten und begraben wird! So bringt er, der sich gebende Herr, das Leben in ihre Todesverfallenheit, die er, da er es *bringt*, schonungslos aufdeckt. In dieser Gestalt, die sie platt und die Jünger zu Protestierenden macht, gibt er ihnen sich zu essen und zu trinken.

Der oft als Nachtrag angesehene Abschnitt 6,51c–58 fällt im Duktus der Rede nicht aus dem Rahmen. Dies wird auch daran klar, daß im fünften Dialog (6,60–66), den Jesus nur mit seinen Jüngern führt, seine Erhöhung unter einem weiteren Gesichtspunkt, nämlich als seine Rückkehr an seinen ursprünglichen Ort zur Sprache kommt (6,61f.). Die den Jüngern dann aufgegebene, ihnen damit zugemutete Geschichte nur kraft seines Wortes 6,63 wird als noch skandalöser empfunden, prompt verabschieden sich viele. Das Petrusbekenntnis, daß Jesus „der Heilige Gottes" ist und „Worte ewigen Lebens" hat, und die Frage nach der menschlich-kirchlichen Wirklichkeit dieses Bekenntnisses, die Frage nach Bruder Judas, bilden die Spitze des Kapitels (6,67–71). Zwischen Eingangs- und Schlußdialog sind Jesu Kommen in die Welt und sein Aufstieg zum Vater in zwei Doppeldialogen entfaltet.

C: Predigt

Mit der wunderbaren Speisung einer großen Volksmenge wollte Jesus ein Zeichen setzen, damit man ihn als den gesandten Sohn Gottes erkenne und an ihn glaube. Doch das Mahl endet mit dem geordneten Rückzug des Gastgebers, weil eine hingerissene Menge auf ihn eindringt, um ihn zu ihrem Tischlein-deck-dich zu machen. Jesus entkommt den Galiläern und zieht sich auf einen Berg zurück. Während er noch intensiv gesucht wird, fahren seine Jünger mit einem Boot über den See Genezareth nach Kapernaum. In der Dunkelheit und bei stürmischer See stößt Jesus überraschend zu ihnen.

Die Leute indesssen geben sich so einfach nicht geschlagen. Sie suchen, kommen zunächst aber nicht weiter. Jesu Verbleib ist rätselhaft. Ein Trupp aus Tiberias trifft ein, aber an diesem Ort wurde Jesus auch nicht gesichtet. So fahren sie auf gut Glück Richtung Kapernaum und finden ihn endlich am Ufer (6,22–24; vgl. 20,1–10; 21,1–14). Da stellen sie ihn zur Rede und wollen von ihm wissen, wie er unbemerkt nach Kapernaum gekommen sei (6,25). Die Frage bleibt ohne Antwort. Etwas anderes muß klargestellt werden. Jesus hält den Leuten vor, daß es ihnen bei ihrer Suche nicht um ihn gegangen sei, sondern um den eigenen Bauch. Er aber hatte sie nicht ihres Bauches wegen zu sich geladen, sondern wollte sie mit sich selbst bewirten. Statt zu erwarten, von ihm stets den Bauch gefüllt zu bekommen, sollten sie lieber nach der zum ewigen Leben bleibenden Speise trachten, die er ihnen geben wird. Dafür ist er von seinem Vater, Gott, mit allen Vollmachten ausgestattet.

Was sollen sie tun? Wie sollen sie sich den „Werken Gottes" gemäß verhalten, um sich jene unverderbliche Nahrung zu besorgen? Sie sind es ja gewohnt, für ihren Lebensunterhalt zu arbeiten und so die Speise zu gewinnen, die sie brauchen. Wie aber bekommt man jene andere, zum ewigen Leben bleibende Speise, auf die sie sich, als er sie bewirtete, nicht hinweisen ließen? Jesus spricht: Das Werk Gottes an ihnen sei dies, daß sie an den gesandten Sohn, der sie ihnen geben wird, glauben.

Warum sollten wir das tun? Was tust denn du für ein Zeichen, daß wir sehen und dir glauben? fragen die Leute. Was bekommen wir denn von dir? Von unseren Vorfahren, die in der Wüste umherzogen, ist überliefert: sie bekamen das Manna, „Brot aus dem Himmel" zu essen.

Jesus antwortet darauf: Sein Vater gibt ihnen *das* „Brot aus dem Himmel", das einzige, wirkliche, das Brot Gottes nämlich, das der Welt Leben gibt.

Irgendwie klingt das großartig, geradezu appetitanregend, in ihren Ohren. Dieses Brot müßte man haben: „Herr, gib uns allezeit dieses Brot!“

Jesus sagt: „*Ich* bin das Brot des Lebens. Wer zu mir kommt, wird nicht hungern; wer an mich glaubt, nimmermehr dürsten.“ Was für eine Aussage, welch eine Feststellung! Der, der ihnen da entgegentrat und zu ihnen spricht, behauptet, das Brot des Lebens zu sein. Also nicht irgendein Brot und irgendeine Hilfe, sondern die Hilfe selber: der Herr der Welt von Anbeginn, bei dem kein Mangel ist. Wer zu ihm kommt und bei ihm lebt, wird daher ebenso keinen Mangel leiden. Ohne Einschränkung gilt das für jeden, der glaubt. Für jeden also, der ihn sieht, ihn als die auf den Plan getretene Hilfe erkennt und sich nicht nach etwas anderem umschaut. Schauen sie sich um, müßten sie gleich wieder fragen: Was tust du für ein Zeichen, daß wir sehen und dir glauben? Doch genauso fragen sie.

Es folgt eine zweite, eine erschreckende Feststellung: „Euch sagte ich, ihr habt gesehen und glaubt nicht!“ Ich habe mich euch gezeigt und habe euch gesagt, wer ich bin, aber ihr seid nicht zu mir gekommen, sondern wolltet mich zu eurem König machen, der euch die Arbeit um das tägliche Brot abnimmt und euch bei Magenknurren ein paar Brote spendiert. Das würde euch vollauf genügen, so versteht ihr euren Mangel. Wohlgemerkt, nicht die Galiläer reden, sondern Jesus stellt fest, daß sie faktisch nicht gekommen sind, wie man – vom Vater erzogen und gelehrt! – selbstverständlich zu ihm kommt.

Das also ist es, was Jesus ihnen vor Augen und Ohren stellt: sich selbst! Seine Person, seine Worte und seine Taten, sein sich verschenkendes Leben – ganz nach seines Vaters Wohlgefallen. Doch diese Antwort schmeckt den Leuten nicht. Was gibt es hier anderes zu sehen als einen radikalen Menschen, der von sich behauptet, er sei das Brot vom Himmel? Das kann doch wohl nicht wahr sein, da könnte ja jeder kommen! „Ist dies nicht Jesus, der Sohn Josephs, dessen Vater und Mutter wir kennen? Wie kann er jetzt sagen, ich bin vom Himmel herabgestiegen?“

Darauf antwortet Jesus, daß Gott sein Vater sei, und niemand ihn erkennen und zu ihm kommen könne, wenn Gott ihn nicht zu sich ziehen und aufklären würde. Wer durch Gott Jesus und durch Jesus Gott erkennt, und wer dieser Erkenntnis nachkommt, der hat Speise zum Leben, da er ihn hat. Wieso maulen sie und begehren auf gegen ihn? Sie haben recht: durch den Vater wird er als der Sohn Gottes erkannt. Nur so. Wie denn sonst?

Daß sie nicht gekommen sind und auf ihren Wegen nicht zu ihm kommen würden, braucht Jesus nicht mehr zu konstatieren. Es liegt offen zu Tage. Sie legen beredtes Zeugnis dafür ab, daß sie nicht glauben. So müssen sie sich denn wie Nichtglaubende benehmen. Was der Sohn Gottes nicht will, danach greifen sie. Jedoch wer er für sie ist, das finden sie empörend. Die Luftikusse müssen sich Luft machen.

Könnte Jesus nicht ein wenig dankbarer sein, daß sie zu ihm nach Kapernaum in die Kirche kamen und sich alle nur erdenkliche Mühe gaben, um ihren Helden zu finden? Kann er ihnen nicht anders helfen, als auf sich zu zeigen und zu sagen, daß er es ist, wovon er redet? Auf ihre Frage, welches Zeichen tust du, daß wir sehen und dir glauben, antwortet er, ich bin es, ihr habt mich gesehen! Auf die nächste Frage, ob er nicht Josephs Sohn sei, meint er, er komme von Gott. Da beißt sich die Katze in den Schwanz.

Soll man an Jesus anstoßen und sich über ihn ärgern? Niemand soll sich an ihm ärgern, im Gegenteil! Aber es kommt dazu, es muß dazu kommen, da er sich selbst in den Mittelpunkt stellt und dort nichts anderes duldet als seine freie Gnade. Es kommt zum Anstoß, weil er behauptet, das vom Himmel gestiegene Brot Gottes zu sein, wo man doch seine Eltern kennt. Nicht einmal eine Geburtsurkunde mit Gottes Siegel und Unterschrift kann er vorweisen, geschweige, sich nach dem Geschmack und der Sehnsucht der Leute richten. Das soll Gottes Sohn sein? Der da, der ihr eigenes Antlitz trägt, das Brot zum Leben?

Seltsam, auf welchen Widerstand Jesus auch bei den Galiläern stößt. Er hat sich ihnen ja nicht aufgedrängt, als sie bei ihm zu Tische saßen, wie man bei ihm zu Tische sitzt. Nein, sie sind ihm begeistert nachgelaufen, um seiner habhaft zu werden. Mit seinem Beistand würden sie das Gottesreich auf Erden flott errichten und alsbald wie Gott in Galiläa leben.

Nur er selber darf ihnen dabei nicht zu nahe kommen, da zeigen sie ihm die Zähne. Die so lebhaft an der Besserung ihrer Lage interessierten Galiläer glauben – als zivilisierte Feinde Gottes! – eben auch nur an sich selbst.

Unheimlich, was durch Jesus herauskommt und heraus muß. Noch unheimlicher, kein Vorwurf ergeht aus seinem Mund, obgleich es in der Atmosphäre knistert wie bei einem bevorstehenden Unwetter. Am unheimlichsten jedoch, Jesus verliert auch nicht für eine einzige Sekunde seine Fassung, sondern behält die Ruhe, die Übersicht und die Initiative: „Das Brot aber, das ich geben werde, ist mein Fleisch für das Leben der Welt."

Damit sind die Galiläer restlos aus dem Häuschen und kriegen sich zu allem Übel noch untereinander in die Haare: „Wie kann dieser uns sein Fleisch zu essen geben?"

Jesus darauf: „Amen, Amen, ich sage euch, wenn ihr nicht das Fleisch des Menschensohnes eßt und sein Blut trinkt, habt ihr nicht Leben in euch ... Wer mein Fleisch kaut und mein Blut trinkt, bleibt in mir, und ich in ihm."

Ja, da möchte man sich mit den galiläischen Streithammeln an die Stirne fassen und lauthals mitprotestieren. Worauf nur ließen sie sich ein, als sie ihm ahnungslos hinterherliefen? Wer hält es aus in seiner Gegenwart? Wer kann das hören? Wem vergeht da nicht der Appetit? Es graust einem bei diesen Worten, dieser Speise.

Wer spricht? Der lebendige Herr spricht. Denn es ist am Tag, wo sich seine Fans aufhalten. Sie glauben nicht. Sie lieben ihn nicht. Sie sind erkannt. Wohlan, dann kommt er eben zu ihnen ins Haus, daß sie außer sich geraten und ihr Gesicht zeigen müssen. Sie brauchen sich nicht zu verbergen, sie haben ihm ihr Versteck bereits verraten. So wird er tun, was getan werden muß. Er wird in ihre Empörung, ihren Streit, in ihre mehr oder weniger zivilisierte Gottlosigkeit hineingehen und sich ihnen hingeben. Durch ihn, durch ihn ganz allein, durch sein Sterben in ihrem dem Tode verfallenen Fleisch, werden sie ewig an ihm sein. Nur so. Indem er das für sie tun wird, sein Fleisch und sein Blut ihnen gibt, wird er für sie die Speise zum ewigen Leben sein, die gegessen und getrunken sein will.

D: Gebet

HERR

du bist
das brot des lebens
dein weg
deine geschichte
die hingabe deines lebens –
unsere speise
zum leben mit dir

ja HERR
stoße uns an
störe unsere kreise
damit wir uns nicht
um uns selber drehen
sondern dein brot haben
das allen hunger stillt

wir bitten für deine gemeinde
daß sie zu diesem brot
das salz sei
und deine gastfreundlichkeit
in dieser ungastlichen welt
recht bezeuge

wir bitten für uns alle
um den heilsamen anstoß
den wir brauchen
auf dem weg zum leben

F: Statistik des kirchlichen Lebens

zwei fische

fünf gerstenbrote

eine grüne wiese

fünftausend leute

(grob geschätzt)

zwölf körbe krümel

G: Gemeindeabend*

1. Hilfsmittel

- Textkopien (Joh 6,51–57) für jeden
- Farbstifte und Lineale
- Tisch(e) als feste Unterlage(n)

2. Einstieg

Wir haben miteinander gegessen und getrunken, mit den Worten Christi Brot und Wein geteilt. Wir tun dies in der Gegenwart des lebendigen Herrn, der uns mit seinen Gaben beschenkt und uns mit sich selbst bewirtet. Einen jeden von uns, uns miteinander. Er ist das sich selbst austeilende Brot des Lebens zum ewigen Leben. Er gibt es uns, indem er sich gibt.

* Bausteine für eine Bibelarbeit über Joh 6,51–57 in einem Kreis Erwachsener. Der Entwurf geht davon aus, daß mit Abendbrot und Abendmahlsfeier angefangen wurde.

Was heißt das? Inwiefern ist Jesus Christus das Brot des Lebens zum ewigen Leben? Wie kommen wir zu dieser merkwürdigen Speise? Dazu wollen wir uns einen Abschnitt aus der Brotrede des Johannes-Evangeliums ansehen und darüber ins Gespräch zu kommen versuchen. Es ist ein anstößiger Text. Der Anstoß ist mit Christus selbst gegeben. Er stößt uns an, so daß wir anstoßen müssen.

3. Texterarbeitung

Wir beginnen am besten damit, daß jemand uns den Text einmal laut vorliest. Und die anderen lesen mit.

Erste Eindrücke zu Form und Inhalt

Die Gruppe trägt ihre Beobachtungen und Eindrücke zusammen. Der Gesprächsleiter sollte sich, weil der Text kaum geläufig sein dürfte, auf Hinweise und Fragen beschränken. Deutungsversuche und Kommentare können warten.

a) zur Form
- direkte Rede mit einem Einwand der Gesprächspartner
  Wie wird dieser Einwand charakterisiert und wie geht Jesus auf ihn ein?
- harter Übergang von „Brot“ 6,51ab zu „Fleisch“ 6,51c (und „Blut“ 6,53–56) [dieser Übergang wird erträglich, wenn man „Brot“ mit „Speise“ oder „Nahrung“ übersetzt (den funktionalen Aspekt unterstreicht)]
- der Text enthält keine Aufforderungen
- Jesus äußert sich nur positiv (über die Verweigerung der Nahrungsaufnahme gibt es keine Offenbarung)

b) zum Inhalt
- Welche Einzelheiten habe ich behalten?
- Welchen Sinn mag diese Rede haben?
- Was bewirkt sie bei mir?
- Was verstehe ich nicht?
- Worin besteht ihre Anstößigkeit?

Unterscheidung der Textelemente

a) Wer Jesus Christus ist
(Vers) 51,(Zeile) 1–3; 57,1–2

Markierung mit Farbstift

b) Was, wozu und für wen er gibt
51,6–8

Markierung mit Farbstift

c) wer aufnimmt (ißt/trinkt), was er gibt ...
51,4; 53,3–4; 54,1–2; 56,1–2; 57,3–4

Markierung mit Farbstift

d) ... und die Folgen
gegenwärtig: 54,3; 56,3–4; 57,5
künftig:51,5; 54,4; 57,5

Markierung mit Farbstift

Erfassen des Textsinnes

Dies sollte dialogisch geschehen; wir begnügen uns hier mit einer Inhalts-Skizze unter folgenden Leitfragen:

a) Wer ist Jesus Christus und worin besteht sein Auftrag? Jesus Christus ist das Brot des Lebens. Er ist der aus sich selber herausgegangene Gott: der durch den Vater lebende, vom Vater in die Welt gesandte, unser eigenes „Fleisch“ (unser im Widerspruch zu Gott gelebtes Leben) annehmende und es tragende Sohn. Das Brot, das den Menschen in ihrer verdorbenen Geschöpflichkeit neues, ewiges Leben geben soll, ist sein Fleisch (und sein Blut). Indem er es ihnen zu essen (und zu trinken) geben wird, indem sie sich davon nähren, womit er sie nährt, haben sie durch ihn (nicht etwa durch ihr Essen und Trinken!) unvergängliches Leben in ihrer Zeit und in Ewigkeit.

b) Wie realisiert Jesus Christus seinen Auftrag?
Wie wird es möglich, daß wir zeitlich und ewig Leben in uns haben, das nicht vergeht? Wie wird es wahr, daß wir durch ihn mit ihm leben und leben werden, so daß etwas anderes gar nicht mehr in Frage kommt?

Die Antwort lautet, daß Jesus Christus sein Fleisch für das Leben der Welt geben wird.

Um sich der universalen Tragweite dieser Aussage bewußt zu werden, mache man sich folgendes klar. Es geht nicht darum, daß Jesus sein Fleisch fortgibt und so verspeist werden möchte. Eine solche Fleischesgabe dürfte alsbald erschöpft und nur wenigen zugänglich sein. Sein Fleisch ist auch kein nährstoffreiches Extra-Fleisch, in seinen Adern pulst kein Wunder-Blut. Gemeint ist vielmehr, daß der lebendige Herr sich unser Fleisch, unser Sündersein von der Wiege bis zur Bahre, selber aufgeladen, es sich gänzlich angeeignet hat, um es unwiederbringlich in den Tod zu tragen und zu begraben. Als dieses Fortschaffen des mit Gott und also auch mit sich selbst verfeindeten Menschen will sein Leben im Fleisch verstanden sein. Er selber hat sich dazu erwählt und beauftragt, dieses unmögliche Dasein in seiner eigenen, unbegreiflichen Hingabe in den Tod restlos untergehen zu lassen. Das Leben der Welt hängt an der Dahingabe seines Fleisches. Durch Christus wird die Voraussetzung dafür geschaffen, daß er an/in uns sein und uns mit sich nähren kann.

Indem er sein Fleisch in den Tod gibt, gibt er sich uns zu essen und zu trinken. Er gibt unvergängliches Leben, indem er sein Fleisch zu essen und sein Blut zu trinken gibt. Damit ist nicht gemeint, daß sein dahingegebenes, getötetes Fleisch wiederaufersteht, um sich noch einmal auf unsere Speisekarte zu setzen. Gemeint ist vielmehr, daß der auferstandene Herr als dieser Dahingegebene uns bleibend mit sich selber speist und uns nur so, so aber ganz real die wahre Speise, sein Fleisch und sein Blut, zum ewigen Leben zu essen und zu trinken gibt. Dies ist auch insofern unsere bleibende Speise, als dieser Herr, der durch seinen Tod die Welt mit sich versöhnte, sich als unser Versöhner bewähren, in uns aufleben, zeitlich und ewig mit uns leben will.

c) der Anstoß

Jene Speise ist unappetitlich, weil sie uns aus unserem Ende in Jesus Christus durch ihn gegeben wird: nicht in Verlängerung unserer eigenen Lebensmöglichkeiten, nicht zu unserer Selbsterhaltung und Selbsterbauung. Sie läßt sich nicht nutzen, vermarkten, aufsparen, konservieren, mit unseren eigenen Beilagen kombinieren und garnieren, sondern will allein um ihrer selbst willen gegessen und getrunken sein.

Unerträglich drastische Worte sind gerade dort gewählt, wo wir aktiv, durch Jesus Christus aktiviert, ins Spiel kommen dürfen und sollen: „Wer mein Fleisch kaut und mein Blut trinkt, bleibt in mir, und ich in ihm." Essen und Trinken ist mehr als reines und passives Empfangen! Durch das Essen seines Fleisches und das Trinken seines Blutes wird unser Sein in Christus nicht hergestellt, nicht intensiviert oder vollendet, sondern – gelebt! Da der Gekreuzigte nun einmal unsere Speise ist, möchte er von uns als dieser aufgenommen, gegessen und getrunken, das heißt, in seiner Ganzhingabe durch uns bejaht sein, um in uns zum Zuge, ja sogar mit uns zu reicher Selbstentfaltung zu kommen. Aus diesem Grunde der kannibalische Anstoß für alle Ohren.

4. Gesprächsmöglichkeiten

Was stellen wir uns unter „ewigem Leben" vor?

Welche Lebenserwartungen erfreuen oder plagen uns?
Wie erscheinen sie im Licht der Hingabe Christi?

Die Hingabe Jesu Christi ist keiner Ergänzung bedürftig.
Welche Freiheit gewinnen wir aus dieser Einsicht?
Welche Verantwortung erwächst uns aus dieser Freiheit?

Das Licht der Welt

Johannes 9,1–7.35–41; 8,12

Ich bin das Licht der Welt.

Wer mir nachfolgt,
wandelt nicht in der Finsternis,
sondern hat das Licht des Lebens.

1 Und im Vorübergehen sah Jesus einen,
der blind war von Geburt an.
2 Und seine Jünger fragten ihn und sprachen:
„Rabbi,
wer hat gesündigt,
dieser oder seine Eltern,
daß er blind geboren ist?“
3 Jesus antwortete:
„Weder dieser hat gesündigt noch seine Eltern,
sondern Gottes Werke sollen an ihm offenbar werden.
4 Ich muß die Werke dessen tun,
der mich gesandt hat,
solange es Tag ist;
es kommt die Nacht,
da niemand wirken kann.
5 Solange ich in der Welt bin,
bin ich das Licht der Welt.“
6 Als er dies gesagt hatte,
spie er auf die Erde
und machte einen Brei aus dem Speichel,
legte den Brei auf des Blinden Augen
7 und sagte zu ihm:
„Geh zum Teich Siloah,
das heißt übersetzt 'der Gesandte',
und wasche dich!“
Da ging er hin,
wusch sich
und kam sehend zurück.

35 Als Jesus hörte,
daß sie ihn hinausgeworfen hatten,
fand er ihn und sagte:
„Glaubst du an den Menschensohn?“
36 Jener antwortete und sagte:
„Und wer ist es, Herr,
damit ich an ihn glaube?“

37 Jesus sagte zu ihm:
„Du hast ihn gesehen.
Der mit dir redet,
jener ist es."
38 Er aber sagte:
„Ich glaube, Herr!"
und warf sich vor ihm nieder.

39 Da sagte Jesus:
„Zum Gericht bin ich in diese Welt gekommen,
damit die Nichtsehenden sehen,
und die Sehenden blind werden."
40 Solches hörten etliche Pharisäer,
die bei ihm waren, und sagten zu ihm:
„Sind wir etwa blind?"
41 Jesus sagte zu ihnen:
„Wäret ihr blind, hättet ihr keine Sünde;
nun aber, da ihr sprecht:
‚Wir sehen', eure Sünde bleibt."

12 Wiederum redete Jesus zu ihnen und sagte:
„Ich bin das Licht der Welt.
Wer mir nachfolgt,
wandelt nicht in der Finsternis,
sondern hat das Licht des Lebens."

B: Kommentar

Das Licht-Wort 8,12 steht isoliert. Es paßt nicht zu 7,37–52, als Einleitung zu 8,13–20 leuchtet es auch kaum ein. Wegen 9,5 gehört es eher in den Kontext von 9,1–41; 10,19–21 (vgl. 1,4ff.; 3,19–21; 12,35f.45).

Wiederum beginnt der Evangelist mit einer der Semeia-Quelle entlehnten Wundergeschichte, die sich von vergleichbaren Texten der synoptischen Tradition (Mk 8,22–26; 10, 46–52) unterscheidet. Ihr ursprünglicher Bestand läßt sich nicht leicht erkennen. Sie erzählte von einer erfolgreichen Blindenheilung, womöglich am Sabbat, und enthielt wahrscheinlich ein Streitgespräch zum selben Problemkreis (vgl. 5,1–18; 7,23).

Der erste Abschnitt des Kapitels schildert, wie Jesus einem Blindgeborenen begegnet, und wie er ihn heilt (9,1.6f.). Jüngerfrage und Jesusantwort bilden das Zentrum. Daß jemand schrecklich gesündigt haben muß, wenn einer seit seiner Geburt mit Blindheit geschlagen ist, steht für die Jünger auf dem Hintergrund des Tun-Ergehens-Zusammenhanges fest (9,2). Jesu Antwort dagegen erinnert seinen Auftrag und legt dar, in welcher Perspektive die kommenden Ereignisse gesehen werden wollen (9,3–5; vgl. 6,28f.; 11,4). Denn am Verhalten gegenüber dem, dessen Offenbarungswerk bald erfüllt sein und nicht endlos weitergehen wird (9,4b; 14,26), entscheidet sich, wer sündigt und wer nicht. Solange Jesus in der Welt ist, muß er als Licht der Welt die Gotteswerke sichtbar machen (9,4f.). Später werden seine Jünger, die 9,4 in das „Wir" als seine Zeugen einbezogen sind, die Werke dessen wirken, der sie sendet (14,12; 20,19–23) – nicht als „Licht der Welt" (vgl. Mt 5,14!), wohl aber als Bekenner der Erleuchtungsquelle. Der Weg, den *sie* gehen, die Rolle, die *sie* spielen werden, wird in der Geschichte vom sehend gewordenen Blinden dargestellt, der seine Augen im „Wasser", d.h. in der Lehre des Gesandten wusch (9,7.11; vgl. Mt 6,17). Weil sie mit 9,6ff. in *seiner* Rolle aufgehen, treten die Jünger im weiteren Verlauf der Erzählung nicht mehr eigens in Erscheinung.

Der durch das Licht Geheilte betritt die Bühne. In der zweiten Szene zweifeln Nachbarn/Bekannte an seiner Identität und verlangen Auskunft von ihm (9,8–12). Er versichert, der ihnen wohlbekannte Bettler zu sein. Da er nicht anzugeben vermag, wo jener Jesus, der ihn geheilt habe, sich aufhalte, wird er zum Verhör zu den Pharisäern gebracht (9,13–17). Diese erkundigen sich nach den Methoden des Heilers und erregen sich über den eklatanten Bruch des Gesetzes, das Teiganrühren am Sabbat verbietet. Es kommt zum Zwiespalt über die Herkunft des unbekannten Helfers. Weil eine Klärung nicht herbeigeführt werden kann, wird der Geheilte noch einmal befragt, doch seine Antwort findet kein Gehör (vgl. 1,21; 4,19; 6,14). Die vierte Szene setzt damit ein, daß sich die Juden (Pharisäer) fragen, ob der Delinquent überhaupt je blind gewesen sei (9,18–23). Seine Eltern müssen her. Die aber bestätigen, was man nicht wahrhaben will. Wie so manche Eltern können sich leider auch diese nicht alles erklären, schon gar nicht, wer ihren Sproß das Sehen gelehrt habe. Die studierten Herren möchten so gut sein und ihn selber fragen, er sei alt genug. Mit dieser Auskunft entkommen sie. Eine weitere Vernehmung des Geheilten wird notwendig (9,24–34). Die Behörde setzt ihn nun massiv unter Druck. Er soll Gott die Ehre geben und zugeben, daß der, der ihn sehend gemacht habe, ein verdammter Sünder sei. Doch der tapfere Confessor kann nur sagen, was er weiß, und das hatte er bereits mehrfach gesagt, gesetzeskundig und gesetzestreu (9, 31)! Da er sich ihr beharrliches Fragen nicht oder nur zu gut erklären kann, fragt er vorwitzig, ob sie des Heilers Schüler werden wollten, woraufhin sie ihn übel beschimpfen und ihm unterstellen, er sei des Gesetzlosen Jünger. Als sie sich darauf mit Mose brüsten, wird der Geheilte spitzfindig, ertappt sie bei ihrer Unwissenheit und holt zum befreienden Gegenschlag aus. Die Herren entziehen sich, indem sie die Machtfrage stellen. Mit jenem durch und durch verstockten Sünder wollen sie nichts mehr tun haben. Schluß und Ausschluß!

Erst jetzt tritt Jesus wieder in Aktion. Er sucht seinen aus der Synagoge ausgestoßenen Patienten auf und fragt ihn, ob er an den Menschensohn-Weltenrichter glaube. Nach kurzer Rückfrage, wer es sei, und der Eröffnung durch jenen, fällt er vor Jesus in Anbetung nieder (9,35–38). Wurde damit die positive Seite des endzeitlich-gegenwärtigen Wirkens Jesu aufgezeigt, muß noch dessen Kehrseite (vgl. 3,17f.; 5,19ff.; 8,23f.) angesprochen und zu Bewußtsein gebracht werden (9,39–41). Selbstherrliches Absehen von Jesus läßt in der Weltfinsternis bleiben (vgl. 2.Kor 4,1–6; Röm 10,1ff.). Das gilt nicht nur für Pharisäer, sondern auch für jene, denen nichts besseres einfällt, als sich in der Frage zu spalten, ob Jesus von einem Dämon besessen sei oder nicht (10,19–21).

Die Erzählung will zur Einsicht führen, daß man Christus als „das Licht der Welt" im Hinblick darauf, wovon das Bekenntnis des durch ihn gesandten Zeugen (eines geheilten Blindgeborenen) redet (vgl. 5,25!), sehen könne und so künftig sehen werde. Schließlich ist er am Ort, bevor das Zeugnis seines Zeugen laut wird. Wer ihn erkennt [man beachte, *wie* der Blinde seine Heilung, sein Sehendwerden beschreibt (9,10–12)!] und ihm nachgeht, wandelt nicht in der Finsternis (8,12). Wer seine Herrlichkeit sieht (sie leuchtet allen!) und ihr traut, ist recht unterwegs (1,9.14; 11,40; 12,41; 17,24; vgl. Mt 5,8). Nicht von ungefähr geht es in der auf das Ich-bin-Wort folgenden Feststellung um den Wandel in der Ausrichtung auf das Licht (9,7; 12,35f.). Der sehend gemachte, dem Licht nachfolgende Bettler wird nicht selber Licht, aber er beharrt auf seinem Wissen und hält im Licht der ihm widerfahrenen Heilung wacker Ausschau. Auch die anderen wurden von dem Licht des Lebens affiziert, sie hätten sich auf den Weg machen können (vgl. 1,4.6–9; 1,29–34; 3,19–21).

„Licht" bezeichnet im Johannes-Evangelium die augenöffnende Lebens-Ausstrahlung des in den Kosmos gekommenen Gesandten. Sein Licht (er als das Licht) leuchtet nicht zeitlos-abstrakt, sondern zeigt sich konkret in seinen Worten und Zeichen (Kap. 1–12). Im Johannes-Evangelium ist „Licht" nie als Metapher verwendet! Jene Ansicht, „das Licht des Lebens" sei im Grunde das, was alle Leute als „lichtvolles Leben" ersehnen oder brauchen, geht am vierten Evangelium vorbei. Wer behauptet, man müsse glauben, um zu sehen, folgt seinen eigenen Gedanken nach. Auf diese Weise wird Christus nach Johannes gerade nicht zugänglich.

In Joh 9 sind die traurigen Erfahrungen einer jüdisch-hellenistischen Gemeinde verarbeitet, die in der Nachfolge ihres Herrn reichlich Ablehnung erfuhr (15,18ff.; 16,1ff.). Wer verstünde nicht ihre bittere Ironie. Die Erzählung wirkt plakativ. Sie sucht auch mehr den aktuellen Leser, bei dem sie, im Gegensatz zur erzählten vergangenen Welt, die zum bühnenreifen Klischee geworden ist, Zugang zu finden hofft. Erregend ist, daß sich für den Evangelisten die Frage des Sehens oder Absehens vom Licht durchweg als Frage der mächtigen Selbstäußerung Jesu Christi, nie als Glaubensfrage, nie als Sache einer gemächlichen Glaubensentscheidung stellt. Das Wort starb im Kosmos und verkündet dort, so oder so, seinen Sieg.

C: Predigt

Im Vorübergehen sieht Jesus einen von Geburt an blinden Menschen. Seine Jünger stellen ihm eine interessante Frage: Rabbi, wer ist schuld, die Eltern oder er? Womit mag er dieses schwere Schicksal verdient haben? Warum gibt es so viel Schlimmes in der Welt? Das sind beschwerliche Fragen – im Vorübergehen.

Jesus bleibt stehen. Er geht mit diesen Fragen nicht weiter. Er antwortet nicht, warum dieses so und jenes so ist. Er gräbt nicht in ferner Vergangenheit, sondern blickt nach vorn auf Gott. Gott will sich an diesem Blindgeborenen verherrlichen, sich für ihn und also an ihm klarmachen. Darum hält Jesus an. Darum muß er stehenbleiben und jenen Blindgeborenen daraufhin sehen.

Daß Jesus nicht vorbeigeht, ist das erste Wunder. Er war ja nicht gezwungen, bei ihm Wurzeln schlagen zu müssen. Er hält aber dennoch an und sieht den blinden Bettler am Wege schon in seinem Licht. Damit verträgt sich's nicht, daß einer im Finstern sitzt. Ihn soll er sehen, auf daß jener Mensch sich in ihm sehe. Für ihn will er ins Dunkel gehen, damit jener die Augen aufschlage und mit ihm lebe. Mit diesem Auftrag wurde Jesus in die Welt gesandt, um als das Licht aufzustrahlen und Erleuchtung zu schaffen. Ohne dieses Licht wären wir in der gleichen Lage wie der Blindgeborene am Wege. So kommt es auch für die Jünger darauf an, nicht im Vorübergehen da und dort ein wenig zu sehen, sondern von ihm her und auf ihn hin sehen zu lernen. Wegen der Frage nach der Ursache des Übels macht Jesus seinen Jüngern übrigens keinen Vorwurf. Er will von ihnen nicht wissen, warum sie so fragen, wie sie fragen, sondern bittet sie, es mit ihm zu halten, solange es Zeit ist.

Wir haben angehalten und sind an dieser wunderlichen Wundergeschichte nicht vorübergegangen. Schauen wir noch einmal genauer hin! Von sich aus macht der Blinde nicht auf sich aufmerksam. Vor seiner Heilung äußert er sich nicht. Er wird weder nach seiner Hoffnung gefragt noch gedrängt, an Gott zu glauben. Er wird überhaupt nicht gefragt. Ungefragt und ungebeten strahlt ihn Jesus an. Der Blindgeborene merkt, daß sich jemand seiner annimmt und sein bislang in sich verschlossenes Dasein öffnet. Er beginnt zu sehen mit noch geschlossenen Augen! Da erst wird er angesprochen: „Geh zum Teich Siloah und wasche dich!“

Offensichtlich sollen sich die Leser der Erzählung an dieser Stelle auch angesprochen fühlen. Der Name wird ihnen übersetzt: Siloah – der Gesandte. Geh, wasche dich im Wasser des Gesandten!? Das ist doppeldeutig. Nach dem Johannes-Evangelium ist Jesus der Gesandte Gottes. Was soll der Hinweis?

Es geht wohl um folgendes: Jesus befiehlt dem Blinden, die merkwürdige Berührung, die ihm durch ihn widerfuhr, nun selbst zu realisieren, auszuprobieren. Er soll sich schleunigst auf den Weg seiner Genesung machen und sich dazu im Wasser des Gesandten, das ist sein klares Wort, waschen. Er soll im Lichte dessen, der ihn geheilt und angesprochen hat, seine Augen aufschlagen und seinen Gesichtssinn üben. Auf Jesu Wort hin macht er sich auf die Socken und kommt sehend zurück. Jesus aber ist schon weitergegangen, so daß andere Gelegenheit haben, den Fall zu untersuchen.

Unser trauriges Normalverhalten kommt ans Licht. Die Leute aus der Umgebung des ehemals Blindgeborenen machen nicht etwa mit ihm ihre Augen auf, obgleich sie doch könnten, nein, sie schlagen sie nieder. Sie sehen, als hätten sie nicht gesehen. Wer freut sich mit ihm? Wer dankt Gott für ihn? Die Menschen, die ihn von früher her kannten, sind nur überrascht. Sie bezweifeln sogar, ob er überhaupt derselbe sei, wie er behauptet. Sie möchten wissen, wie er sehend wurde und wo jener, der ihn geheilt habe, sich aufhalte. Auf die letzte Frage kann der Bettler keine Antwort geben. Er weiß nicht, wo Jesus hingegangen ist. Die Leute dagegen wissen erstaunlich gut, wohin sie zu gehen haben. Sie bringen den Mann zu den Pharisäern, die sich in solchen Geschichten auskennen. Für sie selber ist die Sache damit erledigt. Es gibt eben mehr Dinge zwischen Himmel und Erde, als menschliche Weisheit sich träumen läßt.

Die Pharisäer hingegen halten eine umfassendere Untersuchung für angebracht. Sie vernehmen den Sehendgewordenen gleich zweimal und befragen außerdem seine Eltern. Dann argumentieren sie sogar mit Gott. Weil der Blinde am Sabbat geheilt wurde, müsse der, der sich seiner angenommen und ihm das Augenlicht geschenkt hat, ein Sünder sein, da Gott das Arbeiten am Sabbat verboten hat. Anderen von ihnen will dieses Argument nicht einleuchten. Sie stellen die Frage in den Raum, wie ein Gottloser solche Zeichen tun könne. Doch indem sie die Frage stellen, ist sie schon verworfen und vom Tisch gefegt. Das würde ja unüberschaubare Konsequenzen nach sich ziehen. Also lassen sie die Frage gar nicht erst aufkommen (vgl. Röm 1,18!). Sie fragen lieber selbst, als sich von Gott fragen zu lassen, sie hören lieber ihrem eigenen Besserwissen zu. Sie reden von Gott, man gewinnt jedoch nicht den Eindruck, daß sie von *Gott* reden. Sie sehen, was sie sehen wollen, sie suchen und finden das Haar in der Suppe und handeln danach. Der geheilte Bettler wird angegriffen, beschimpft und als ein verstockter Sünder, dem nicht zu helfen ist, verstoßen.

Wie es weitergeht, haben wir schon gehört. Jesus sucht jenen Mann, der in all dem Gedränge um seine Person standhaft und offen blieb, noch einmal auf und fragt ihn, ob er an den gegenwärtigen Herrn der Welt glaube. Nach der kurzen Rückfrage, wer dieser Herr sei, antwortet Jesus: „Du hast ihn gesehen. Der mit dir redet, jener ist es." Er aber sagte: „Ich glaube, Herr!"

An diesem Punkt verdeutlicht Jesus nochmals den Zweck seines Kommens (vgl. 9,4f.): „Zum Gericht bin ich in diese Welt gekommen, damit die Nichtsehenden sehen, und die Sehenden blind werden (vgl. Röm 9,25; 10,20)." Das ist ein unheimlicher Satz. Hören wir vom „Gericht", beschleicht uns in aller Regel ein ungutes Gefühl. Denn vor Gericht haben wir Rede und Antwort zu stehen, womöglich kommen peinliche Wahrheiten über uns ans Licht. Vielleicht denken wir auch an das „Jüngste Gericht", wo wir Rechenschaft abzulegen haben, wenn die Bilanz unseres Lebens gezogen wird. Aber aufgepaßt, darum geht es nicht! Hier heißt es, daß Jesus zum Gericht in diese Welt gekommen sei und seine Scheidung gegenwärtig vollzieht. Nichts, gar nichts wird auf die lange Bank geschoben. Was für ein seltsames Gericht, in welchem ein blindgeborener Bettler sein Augenlicht geschenkt bekommt! Was für ein Gericht, in dem er freundlich aufgefordert wird, sein in sich selbst verschlossenes Dasein zu verlassen, sich sofort auf den Weg zu machen und seine Augen für das Licht der Welt aufzuschlagen! Was für ein Gericht, bei dem er gar nicht gefragt wird, warum er als Mensch Gottes für Gott finster und blind geworden ist, und wer daran Schuld trage! Das Licht ist zu ihm gekommen, hat sich für ihn und ihn für sich erwählt, es leuchtet klar, daß er ihm nachfolgen kann. Und jener? Er folgt, als wäre es das Selbstverständlichste von der Welt.

„Wir sehen!“ sagen die Pharisäer. Wir sind doch nicht blind! Der herabgestiegene Christus, „das Licht der Welt“, wie ihr sagt, ist ein Irrlicht. Wir folgen doch keinem Irrlicht, sondern Gott!

„Wir sehen!“ sagen die Leute. Wir sind zwar nicht so schlau wie unsere lieben Theologen, denen wir bei kniffligen Fällen gern den Vortritt lassen, aber die werden schon durchsehen. Sie haben lange genug studiert und kennen sich aus.

Christus sagt, wer es für seine eigene Möglichkeit hält, für Gott zu leben, täuscht sich selbst. Er muß erst völlig erblinden, damit ihm mein Licht aufgehe! „Ich bin das Licht der Welt. Wer mir nachfolgt, wandelt nicht in der Finsternis, sondern hat das Licht des Lebens.“ Wer von mir absieht, stolpert in mein Wegsehen hinein.

Wie kommen wir dazu, Jesus Christus als heilendes Licht, als den einzig maßgeblichen Orientierungspunkt der Welt zu bekennen? Sind wir größenwahnsinnig geworden? Woher nehmen wir den Mut, all jenes, was sich gegen Jesus Christus auftürmt, nicht nur als einsturzgefährdet, sondern schon als trostlosen Trümmerhaufen anzusehen? Haben wir den Stein der Weisen gefunden? Oder wissen wir auf alle Probleme dieser Welt Antwort? Wie kommen wir dazu, keinen Lebensbereich mehr zu kennen, wo wir statt mit ihm als dem Gekreuzigten noch mit anderen Herren oder Ausnahmeregelungen konfrontiert wären? Woher nehmen wir den Mut zu der Behauptung, daß alle Wege, die ohne Jesus Christus beschritten werden, im Dunkeln anfangen und dort auch enden?

Wir nehmen uns diesen Mut sicher nicht, er wird uns gegeben. Der gekreuzigte Herr, der uns berührt und beauftragt hat, schenkt uns diesen Mut. Wir haben weder Gott, geschweige die Weltformel gefunden, sondern er hat uns – ungefragt und ungebeten! – schon gefunden und in das Licht seines Erbarmens gestellt. Dazu bekennt er sich in aller Offenheit und Öffentlichkeit – mit dem gebotenem Nachdruck. So können wir uns frisch und frei auf den Weg machen.

D: Gebet

aller augen
warten auf DICH

die augen
der kinder
die augen
der greise

die augen
der hungernden
die augen
der traurigen

die augen
der suchenden
die augen
der blinden

die augen
der fröhlichen
die augen
der vergessenen

die augen
der fremden
und unsere
eigenen augen

die augen
der tiere

aller augen
warten auf DICH
daß DU sie erleuchtest
zur rechten zeit

E: Meditation

Jesus Christus – das Licht der Welt – das Licht des Lebens. Gemeint ist damit nicht irgendein Licht, sondern sein Licht, also das herrliche Licht, das aus der Geschichte des sich selbst verkündigenden Christus leuchtet: Das Licht des zur Welt gekommenen Gottessohnes, der uns die Augen öffnet und erleuchtet; das Licht des durch ihn in die Herrlichkeit Gottes aufgenommenen Menschen. Dieses Licht leuchtet aus sich selbst. Es wird von nirgendwoher angeleuchtet: von keiner Sonne, keinem Scheinwerfer und auch keiner Kerze. Jesus Christus leuchtet aus sich selber. Er strahlt.

Wir tun gut daran, uns an den Anfang der Bibel, an die erste Schöpfungserzählung zu erinnern. Nachdem Gott, heißt es dort, am Anfang Himmel und Erde geschaffen hatte, da sprach er:

„Es werde Licht!" Und dann wurde es Licht.

Dies bezeugt die Schöpfungserzählung als Gottes erstes Wort, mit welchem er sich seiner Schöpfung zuspricht. Gott ist weder in sich verschlossen noch dunkel oder stumm. Wenn Gott spricht, wenn er sich ausspricht, wird es hell. Gott ist nicht finster, sondern hell. Er – das Licht der Schöpfung, des ersten Tages. Er – das Licht der Versöhnung in der Mitte der Zeit. Er – das Licht des ältesten wie des jüngsten Tages, das jedem leuchtet, der in die Welt kommt.

Jesus Christus – das Licht der Welt – das Licht des Lebens.

Keine trübe Funzel, kein Lichtlein in einem unüberschaubaren Lichtermeer. Er nicht einmal ein Licht, als gäbe es daneben auch noch andere Lichter. Ohne Jesus Christus wäre überhaupt kein Licht! Er ist das Licht, das strahlende, Licht schaffende Licht des Lebens.

Es müßte sich schon um eine ziemlich finster dreinblikkende, schielende oder dahindämmernde Gemeinde handeln, die das sie anstrahlende und erleuchtende Licht des Lebens und der Welt noch nicht wahrgenommen oder wieder aus den Augen verloren haben sollte. Aber auch ihr leuchtet ja dieses Licht! Nicht ein Schein, auch kein frommer Schein, nicht ihr eigenes Scheinen und Meinen, sondern eben dieses Licht: das

Licht des Lebens, das als solches auch das Licht der Welt ist. Nicht zu verwechseln mit dem Licht einer Lampe, die jemand an- und nach Lust und Laune auch wieder ausschalten mag. Jesus Christus ist das Licht Gottes, das Licht einer bewegenden Geschichte, die leuchtende Energie freisetzt.

Leuchtende Energie, weil Gott selber sich geöffnet, sich uns erschlossen hat; leuchtende Energie, durch die wir ihn erkennen dürfen und uns in ihm. „Wir sahen seine Herrlichkeit", heißt es am Anfang des Johannes-Evangeliums, „voll Gnade und Wahrheit" (1,14).

Dieses Licht strahlt in die Dunkelheit, kam dorthin, wo wir sind. Wir wußten nicht einmal, daß wir, von Gott aus gesehen, im Dunkeln sind. Die verschiedenen Lichtlein, die uns da und dort leuchten, haben wir für Licht gehalten. Wir haben „das Licht des Lebens" nicht vermißt. Aber nun ist dies anders geworden. Nun hat sich Gott durch Christus für uns ausgesprochen und sich unserer angenommen. Sein Licht vertreibt die Finsternis. Wir können es wahrnehmen und uns nach ihm ausstrecken. Wir können uns das Licht seines Wortes leuchten lassen, uns an ihm orientieren, bis alle Finsternis vertrieben sein wird.

„Wer mir nachfolgt, wandelt nicht in der Finsternis, sondern hat das Licht des Lebens." – Das klingt einfach und scheint in sich schlüssig. Wer Jesus Christus nachfolgt, hat das Licht des Lebens. Wer folgt ihm nach? Was sehen unsere Augen? Ist es ganz bestimmt sein Licht, dem wir zu folgen glauben? Folgt nicht jeder seinem eigenen Stern – ob er ihn „Christus" nennt oder nicht? Man braucht nur den „Spiegel" aufzuschlagen und zu lesen, was die Deutschen glauben oder nicht glauben, und wird sich diesbezüglich keinen Illusionen hingeben. Die freihändig gestellten Fragen nach den sogenannten Heilstatsachen sind bezeichnend genug. Das alles kann man sich auch ohne „Spiegel" an Nikodemus, der Heilung und Heiligung des Blindgeborenen, an Thomas und allen anderen Jüngern klar machen. Nachfolge ist eben keine von uns irgendwie technisch zu meisternde Aufgabe, sondern unsere Nachfolge wird möglich und geschieht, indem jenes Ich auf den Plan tritt, nicht vorbeigeht, blinde Augen öffnet, uns anspricht, beauftragt – oder einmal mehr ins Schlepptau nimmt.

F: „Ich bin die Nacht

Ich bin die Nacht. Meine Schleier sind
viel weicher als der weiße Tod.
Ich nehme jedes heiße Weh
mit in mein kühles, schwarzes Boot.

Mein Geliebter ist der lange Weg.
Wir sind vermählt auf immerdar.
Ich liebe ihn, und ihn bedeckt
mein seidenweiches, schwarzes Haar.

Mein Kuß ist süß wie Fliederduft –
der Wanderer weiß es genau…
Wenn er in meine Arme sinkt,
vergißt er jede heiße Frau.

Meine Hände sind so schmal und weiß,
daß sie ein jedes Fieber kühlen,
und jede Stirn, die sie berührt,
muß leise lächeln wider Willen.

Ich bin die Nacht. Meine Schleier sind
viel weicher als der weiße Tod.
Ich nehme jedes heiße Weh
mit in mein kühles, schwarzes Boot.“ [1]

6. Mai 1941

1 siehe Quellennachweis

G: Familiengottesdienst (Joh 8,12)

*1. Entwurf für einen Gottesdienst zu Pfingsten**

Orgel-/Bläservorspiel
    Begrüßung und Einleitung
EG 441,1–5
    Psalm 36,6–10; EG 719
    Gloria patri
    Kollektengebet
EG 129,1–3
    Lesung: Apg 2,1–8.13–17.21–24.32f.
EG 127,1–2.6
    Das Licht des Lebens für die Welt (Joh 8,12)
EG 128,1–3
    Abkündigungen
EG 128,4–7
    Fürbitte
    Vaterunser
EG 136,1.7
    Segen
Orgel-/Bläsernachspiel

2. Hilfsmittel

- Altarkerze, mit Wachsfolien verziert (Kreuz, Regenbogen)
- großer Kerzenständer
- Streichhölzer
- Taschenlampe/Blinklicht
- Lesezeichen oder Karten mit Joh 8,12
- mehrere Taschenspiegel

* Dieser Gottesdienst-Entwurf läßt sich umarbeiten und dann z.B. auch für die Epiphanias- oder Osterzeit nutzen.

3. Einleitung

Pfingsten ist – eine Überraschung. Was feiern wir denn Pfingsten? Wir feiern Jesus Christus, den auferweckten Gekreuzigten, als den Herrn. Wir rühmen die befreiende und belebende Kraft, die von ihm ausgeht: das Licht des Lebens für die Welt. Es versteht sich ja nicht von selbst, daß Jesus als der Herr heute zu uns kommt, uns in sein Licht stellt, damit wir ihn – und uns in ihm! – erkennen. Er tut es aber und macht es wahr, daß wir gern für ihn leben. Die Überraschung, daß er nicht nur für uns, sondern wir auch für ihn frei sind – diese schöne Bescherung feiern wir Pfingsten!

4. Das Licht des Lebens für die Welt

Jesus Christus spricht: Ich bin das Licht der Welt. Wer mir nachfolgt, wandelt nicht in der Finsternis, sondern hat das Licht des Lebens.

etwas wie Feuer…

In der Pfingsterzählung der Apg ist vom überraschenden Erscheinen von etwas wie Feuer die Rede, das sich auf die Versammelten verteilt:

- Die Christus- (Pfingst-) Kerze wird auf den Leuchter gesetzt und entzündet.
- das Entzünden der Christus-Kerze übernimmt, wer mit Feuer umgehen kann
- das Lesezeichen (Karte) wird ausgehändigt, Joh 8,12 für alle laut vorgelesen
- das Lesezeichen wird mitgegeben, der „Brandstifter“ darf sich setzen

… und Wind

In der Pfingstgeschichte ist aber nicht nur vom Kommen jenes „Feuers“ die Rede, sondern auch… ?

– von etwas, das wie ein Sturm daherjagt, der das ganze Haus erfüllt.
– Auch wir wollen nun reichlich Wind machen. Holt bitte ganz tief Luft, weht, blast, heult und pfeift!
(Falls vorhanden, kann ein Bläserchor um Unterstützung gebeten werden. Auch andere Hilfsmittel sind denkbar.)
– Die Flamme unserer Christus-Kerze hier vorn hat etwas geflackert. – Versucht sie ganz auszublasen!
– Es geht nicht.
– Wieso?
– Wir sitzen zu weit entfernt.
– Stimmt. Um sie auszublasen, müßte man dicht heran.
So! (Die Flamme wird ausgeblasen.)
Die Kerze ist aus. Der Docht glimmt noch. – Jetzt ist auch die Glut verloschen.
– Versucht einmal, die Kerze wieder anzublasen!!!
– Das geht nicht.
– Wieso nicht?
– Wir können ein Licht wohl aus-, aber nicht anblasen.

Das Licht Christi können wir nicht auslöschen. Er verbreitet kein Kerzenlicht. Jesus Christus ist wirklich „Licht von unerschöpftem Licht“: das Licht der strahlenden Liebe Gottes, das Feuer dessen, der sich nicht nur etwas für uns erwärmt, sondern sich selbst für uns entzündet hat. Der kam in unser für ihn fensterlos gewordenes Leben hinein. Aber er fand nirgendwo Dank. Also gab er sein Leben hin, um unsere Undankbarkeit an sich selbst zum Tode zu verurteilen. Wir sollten ja nicht im Finstern sitzenbleiben. Dieser Herr, vor dem niemand sicher ist, der kommt in unser Haus wie Feuer und Wind: das Licht des Lebens.

– Jemand wird gebeten, die Kerze wieder anzuzünden
– das Lesezeichen (Karte) wird ausgehändigt, Joh 8,12 laut vorgelesen
– das Lesezeichen wird mitgegeben, der „Brandstifter“ darf sich setzen

Das leuchtende und das erleuchtende Licht

– Bitte schließt nun die Augen und haltet sie für eine Weile geschlossen!
– Was seht ihr?
– Wir sehen nichts.
– Wieso seht ihr nichts?
– Weil wir die Augen geschlossen haben.
– Eigenartig. Die Christus-Kerze leuchtet euch, leuchtete die ganze Zeit. Ihr seht sie nur nicht, da ihr die Augen geschlossen habt.
– Offenbar kommt es darauf an, daß uns sein Licht nicht nur leuchtet, sondern daß es uns auch die Augen öffnet und uns erleuchtet.
– Macht bitte die Augen auf!
– Was seht ihr? – Wir sehen das Licht.
– Seht ihr es mit eigenen Augen?
– Wir sehen es mit unseren Augen.

Das Licht fing nicht an zu leuchten, als ihr die Augen aufgemacht habt, auch wenn es euch so erscheinen mag, sondern leuchtete die ganze Zeit. Es war derweil nicht untätig. Christus war „das Licht der Welt", bevor euch sein Licht erleuchtet hat. Er hat euch als seine Geschwister schon erkannt, bevor ihr ihn erkannt und gehört habt. Er sagt: Ich bin das Licht der Welt. Macht die Augen auf!

Zuwendung und Abwendung

– Ich darf euch bitten, aufzustehen, euch alle umzudrehen und die Augen dabei offen zu halten!
– Was seht ihr?
– Wir sehen dies und das.
– Seht ihr das Licht der Christus-Kerze?
– Nein.
– Wieso seht ihr es nicht?
– Weil wir uns umgedreht, uns abgewandt haben.
– So dreht euch herum ins Licht und nehmt wieder Platz!

Ihr merkt, es kommt nicht nur darauf an, daß uns durchs Licht die Augen geöffnet werden. Es ist ebensowichtig, daß wir ihm zugewendet werden, wie er uns zugewandt ist, daß wir uns also durch sein Licht ins Licht drehen lassen. Jesus Christus spricht: Ich bin das Licht der Welt. Laßt euch herumdrehen zum Licht!

Das Licht und die Lichter

Wieso ist Jesus Christus „*das* Licht der Welt"? Es gibt doch so viele Lichter: Scheinwerfer und Kerzen, Sonne, Mond und Sterne, Leuchtreklamen, Fernseher, Leute mit besonderen Gaben, mit besonderer Ausstrahlung. Er mag *ein* Licht unter vielen Lichtern sein, aber *das* Licht? Wieso ist Christus *das* Licht für die Welt?

Christus ist *das* Licht der Welt, weil er das Licht des *Lebens* ist: Das Licht des zu uns gekommenen, uns suchenden, leuchtenden und erleuchtenden Gottes. Er ist das Licht der Welt, weil er uns, indem er sein Leben für uns hingab, angenommen hat, um uns in der Kraft seiner Auferstehung als seine Geschwister aufzurichten. So wichtig sind wir ihm. Er ist er das Licht der Welt, weil er das Licht Gottes ist.

Das Licht und die Zeugen

- Wie kommt dieses Licht heute zu uns? Er ist doch nicht das Licht der Kerze, die wir angezündet haben.
- Wo können wir dieses Licht heute sehen? Er überfällt uns doch nicht wie ein Blitz vom Himmel? Er blendet uns doch nicht wie die Werbung, die unsere begierigen Augen sucht.

a) Das Zeugnis der Zeugen (die Bibel)
   - Das Erste, worauf wir zeigen, ist das Zeugnis der Zeugen des Lichts: die Bibel.
   - Wir sehen das Licht der Welt durch seine Zeugen, die uns darauf hinweisen. Sie zeugen ja davon, wer sich ihnen dargestellt, wer sie erleuchtet und in Anspruch genommen hat.

- Wir leuchten nicht den Himmel ab oder funzeln in unseren Wünschen und Träumen herum, sondern lassen uns vom Zeugnis der Zeugen anleiten und die Richtung zeigen, aus der Christus auf uns zu kommt (dabei wird mit der Taschenlampe herumgefunzelt, die Bibel vom Altar geholt und aufgeschlagen: Joh 8,12)
- Und was lesen wir da? – Jesus Christus spricht: Ich bin das Licht der Welt. (Die aufgeschlagene Bibel wird vor den Kerzenständer gelegt. Die Taschenlampe wird zum Blinklicht!)

b) Die aufgeweckte Gemeinde
- Das Zweite ist die lebendige Gemeinde, das seid ihr!
- An euch, die ihr schon ins Licht umgedreht wurdet, an euch, die ihr im Geist Jesu Christi in der von ihm gewiesenen Richtung unterwegs seid, an euch wird sein Licht für alle sichtbar, menschlich wahrnehmbar.
- Auch dies wollen wir uns zum Schluß klar machen (dazu werden mehrere Taschenspiegel ausgegeben).
- Schaut in den Spiegel!
  Was seht ihr?
- Ich sehe mich.
- Richtet euch so aus, daß ihr das Licht der Christus-Kerze in euren Spiegeln seht! Wenn ihr es gesehen habt, kommt bitte nach vorn und bringt eure Spiegel mit!
- Die Augen offen, ihr seid ins Licht gedreht, ihr habt euch auf den Weg gemacht. Haltet eure Spiegel um die Flamme!
- Was habt ihr (die Sitzengebliebenen) gesehen?
- Wir haben gesehen, wie sich Leute umgewandt und sich auf den Weg gemacht haben, dem Licht entgegen. In verschiedenen Spiegeln sehen wir das Licht. Wir sehen das Licht in verschiedenen Spiegeln.

Wenn es mit rechten Dingen zugeht, wird sich das Licht Christi in seiner Gemeinde wie ein Regenbogen zeigen: im Gebet, im Hören auf das Zeugnis der Bibel, im Predigen, in der Gemeinschaft und überhaupt in ihrem vielfältigen Dienst, in welchem sie auf das eine Licht zeigen darf, von dem sie lebt und leben will. Die Gemeinde ist nicht das Licht der Welt. Sie zeigt es an. Sie kommt von diesem Lichte her, weist darauf hin und ist nach dort unterwegs. Ihr merkt, auf die Menge der Zeugen kommt es nicht an. Es kommt darauf an, ob wir ein klarer oder ein trüber Spiegel sind.

Die Tür

Johannes 10,1–10

Ich bin die Tür.

Wer durch mich eintritt,
wird gerettet werden:
er wird ein- und ausgehen
und Weide finden.

A: Text

1 „Amen, Amen, ich sage euch,
wer nicht durch die Tür in das Schafgehege hineingeht,
sondern anderswo einsteigt,
jener ist ein Dieb und Räuber.
2 Wer aber durch die Tür hereinkommt,
ist Hirte der Schafe.
3 Diesem öffnet der Türhüter,
und die Schafe hören seine Stimme:
Seine eigenen Schafe ruft er mit Namen
und führt sie hinaus.
4 Wenn er die eigenen Schafe alle hinausgebracht hat,
geht er vor ihnen her,
und die Schafe folgen ihm,
denn sie kennen seine Stimme.
5 Einem Fremden aber werden sie nicht folgen,
sondern vor ihm fliehen,
denn sie kennen die Stimme der Fremden nicht."
6 Diese verhüllte Rede hielt Jesus ihnen.
Jene aber erkannten nicht,
was er ihnen damit sagen wollte.
7 Da sagte Jesus wiederum:
„Amen, Amen, ich sage euch,
ich bin die Tür zu den Schafen.
8 Alle, die vor mir gekommen sind,
sind Diebe und Räuber.
Aber die Schafe haben nicht auf sie gehört.
9 Ich bin die Tür.
Wer durch mich eintritt,
wird gerettet werden:
er wird ein- und ausgehen
und Weide finden.
10 Der Dieb kommt nur,
um zu stehlen, zu töten und zu vernichten.
Ich bin gekommen,
damit sie Leben haben und Überfluß."

B: Kommentar

Joh 10,1–5 ist ein in sich verständlicher Text, der in 10,6 als „verhüllte Rede" bezeichnet und in 10,7–10 durch zwei Türworte im Ich-bin-Stil ausgelegt wird.

Die positive Aussage der Rede begegnet in 10,2–4. Sie wird durch einen Negativkontrast gerahmt (10,1.5). Im Unterschied zum Hirten wählt der „Dieb" nicht den regulären Zugang, sondern steigt „anderswo" ein (10,1). Da er jedoch ein „Fremder" ist und mit fremder Stimme ruft (10,5), folgen ihm die Schafe nicht. Der Dieb greift in fremde Besitzverhältnisse ein, um sich die Beute zunutze zu machen, schlimmer, um das Gestohlene „zu töten und zu vernichten" (10,10a). Als „Diebe und Räuber" werden 10,8 jene bezeichnet, die vor Jesus kamen, um die Schafe dem wahren Hirten abspenstig zu machen.

Der erste Teil der Rede entfaltet bekannte Erfahrung. Abends werden Kleinherden in einen Sammelpferch getrieben. Das Tor wird bewacht, die Hirten lagern gesondert. Bei Tagesanbruch kommt der Hirte zur Tür herein, ruft seine Schafe und führt sie, vor ihnen hergehend, zur Weide. Mit der Stimme dieses Hirten sind die Schafe vertraut. Eine echte Bedrohung kann der Dieb, der den Schafen ans Leben will, nicht scin. Sic können ausweichen und ausharren, bis ihr Hirte kommt.

Die Adressaten der Rede bleiben unbestimmt (10,6). Angeredet sind eher die Jünger als die Pharisäer (9,40f.) oder „die Juden" (10,19–21). Der Kontrast zum guten Hirten ist durch die Einfügung der Hirtenrede an dieser Stelle beabsichtigt.

Die Selbstbezeichnung Jesu als „die Tür" überrascht, da man nach 10,2 ein Ich-bin-Wort wie 10,11.14 erwartet. Doch 10,7 wird Jesus nicht mit der Tür 10,1f. als solcher verglichen oder identifiziert. Sein Kommen wird ausgelegt. Weil Jesus nicht auf erschlichenem Wege, sondern rechtmäßig zur Welt kommt, darum ist er als der Hirte der Schafe in exklusiver Weise auch „die Tür zu den Schafen", so daß alle anderen nur „Diebe und Räuber" sein können. Das zweite Ich-bin-Wort entfaltet umgekehrt den Sinn und das Ziel dieses Kommens für die Schafe als rettenden Eingang in die endzeitliche Lebensfülle.

D: Gebet

GOTT
unser VATER

durch deinen sohn
haben wir zugang zu dir
du hast uns
in die hoffnung
hineingestellt
für ihn zu leben

leite unsern gang
nach deinem wort
halt uns
im glauben
in der liebe
und in der hoffnung

schenke uns
ausdauer und wahrhaftigkeit
in deiner gnade
damit neue hoffnung
wachse

wir bitten
für unsere geschwister
in nah und fern
um deinen frieden
dafür wollen auch wir
uns einsetzen

E: Meditation

Jesus Christus – die Tür.

Dies, liebe Freunde, ist ein treffliches Wort heute. Wir sind ja nun auch wieder wie durch eine unsichtbare Tür ins Neue Jahr gegangen. Manche haben es verschlafen, manche gefeiert. Das alte Jahr liegt hinter uns. Spurlos ist es an keinem vorbeigegangen. Wir können dorthin nicht noch einmal zurückkehren. Manche sind vielleicht ganz froh darüber, manche würden es gern tun. Aber wie dem auch sei, niemand kann zweimal in den gleichen Fluß steigen. Zeitlichkeit ist eine Form unserer Existenz. Ob uns die Zeit wie im Fluge vergeht oder stille zu stehen scheint, ob wir die Zeit auskaufen oder verplempern, ändert daran nichts. Wir können zum Augenblick zwar mit Goethe sagen: „Verweile doch, du bist so schön!" Aber meist tut uns der Augenblick diesen Gefallen nicht, und oft ist er nicht einmal schön.

Jesus Christus – die Tür.

Wir sind unterwegs. Aus einem Gestern kommend, heute einem Morgen entgegen. Zeitlichkeit ist eine Bedingung unserer Freiheit. Wir haben Zeit. Nicht unbegrenzt. Hin und wieder können wir uns Zeit nehmen. Manchmal vertreiben wir sie uns, manchmal stehlen wir einander die Zeit. Das Leben ist voller Überraschungen. Da tuen sich uns Türen auf, neue Aufgaben, neue Möglichkeiten wollen ergriffen sein. Wir lernen andere Menschen kennen und vielleicht auch uns selbst ein bißchen besser. Wir machen neue Erfahrungen. Manche Türen müssen wir selbst öffnen – wie bei einem Adventskalender. Manche Türen bleiben uns zeitlebens verschlossen, andere wären besser nie geöffnet worden. Manchmal wird uns eine Tür vor der Nase zugeschlagen. Es sind unzählige Türen, durch die ein Mensch im Laufe seines Lebens geht, gehen darf oder gehen muß, bevor er durch die letzte Tür getragen wird.

Jesus Christus – die Tür.

Unsere Zeiten folgen nicht beziehungslos nacheinander. Es wird nicht alles anders, wenn wir durch diese oder jene Tür gegangen sind. Wir schreiten nicht von Revolution zu Revolution. Und wenn es sich einmal doch erforderlich macht, entpuppen wir uns im Nachhinein als die Alten. Manches braucht seine Zeit. Vieles bleibt liegen. Manches kann warten, anderes nicht. Es ist schon richtig, daß wir uns gelegentlich Rechenschaft über eine bestimmte, zurückgelegte Wegstrecke ablegen, um uns neu zu orientieren. Wir wären töricht, wenn wir es nicht täten. Wir wissen wohl, daß unser Tun und Lassen über unser Morgen mitentscheidet, aber sehr weit vorausdenkend leben wir nicht. Wir leben doch auch irgendwie in den Tag hinein und lassen die Dinge auf uns zukommen. Ob wir uns hinter Schloß und Riegel bringen, steht noch dahin.

Jesus Christus – die Tür

Möglichst viele Türen möchten wir uns offen halten. Das Fernsehen hilft uns dabei. Aber es ist ein großer Illusionist. Es öffnet uns viele Türen zur Welt und spiegelt uns vor, wir könnten auf unterhaltsame Weise überall gleichzeitig werden. Aber das geht in Wirklichkeit nicht. Eben werfen wir einen Blick nach Somalia, nach Jugoslawien oder Irak. Dann folgt der Musikantenstadel oder die Krönung von Jacobs zur Taufe. Allgegenwart im Fernsehsessel bekommt uns nicht sonderlich. Wir gehen durch keine Tür wirklich. Ehe wir etwas unternehmen, wurde schon etwas unternommen, ehe wir etwas entdecken, hat's das Fernsehen schon ausgeplaudert. Das wird auf Dauer langweilig und wirkt wie eine Droge lähmend. Oder erinnert ihr euch, was ihr vor drei Tagen gesehen habt?

Jesus Christus – die Tür.

Geld öffnet viele Türen. Es stinkt nur selten. Ich brauche es für meinen Lebensunterhalt und zur Entfaltung meiner Persönlichkeit. Habe ich genug davon, kann ich um den halben Globus fliegen und mich dort in die Sonne legen. Ich kann es für Raketen und Knaller ausgeben und die bösen Geister noch wirksamer vertreiben. Und für „Brot für die Welt" finden sich womöglich auch noch fünf Mark. Zeige mir deine Mülltonne, und ich sage dir, wer du bist. Aber über Geld redet man nicht, Geld hat man. Viele haben es nicht. Die träumen davon.

Jesus Christus spricht: „Ich bin die Tür. Wer durch mich eintritt, wird gerettet werden: er wird ein- und ausgehen und Weide finden."

Jesus Christus ist nicht noch eine Tür, durch die man, von den anderen Türen einmal abgesehen, auch noch gehen könnte. Jesus Christus ist nicht eine Tür neben anderen Türen, er ist die Tür, durch die er zu uns kam, die Tür, die ins Leben führt. Wir haben diese Tür nicht entdeckt. Wir haben den Ausweg nicht gefunden. Jesus Christus hat uns entdeckt und uns gefunden. Er kam zu uns und wurde uns gleich in der Zeit. Er gab sein Leben dran, um uns einzuholen und in seine Richtung umzudrehen. Er ließ sich dafür nicht bezahlen, sondern er hat für uns bezahlt. So weit wollte er gehen, so weit ist er gegangen, um zu finden, was sich verloren hatte. In dieser erregenden Liebesgeschichte holt Gott die Welt ein. Seine rettende Liebe öffnet uns die Tür zum Leben. Christus selbst macht sich für uns zur Tür, macht es jeden Tag.

Jesus Christus – die Tür.

In seinem Licht darfst du dich erblicken. Du darfst dich als sein geliebter Mensch entdecken. Die anderen nicht zu vergessen. Gott zwingt dich nicht dazu, er bevormundet dich nicht. Aber er will es dir entdecken. Er will nicht etwas von dir, sondern dich. Die Tür ist offen, damit du in seine Liebesgeschichte eintreten, dich frei darin bewegen und Nahrung finden kannst. Dazu hast du deine Zeit. Du mußt sie dir nicht vertreiben, sie schon gar nicht totschlagen. Du mußt nicht den Helden spielen und auch nicht den Trauerkloß. Trittst du in seine Geschichte ein, wird dein Leben nicht ruhiger oder angenehmer. Im Gegenteil. Du nimmst ja dann bewußt am Weg und Schicksal Jesu Christi teil. Da siehst du klar, was los ist, wessen diese Welt bedarf, und wofür du gebraucht wirst. Ich kann dir nur so viel sagen, daß das kein langweiliger Weg sein wird. Du wirst nicht warten, bis jemand zu dir kommt und sich deiner annimmt, sondern du gehst los, weil Christus zu dir gekommen ist und sich deiner angenommen hat. Du wirst dich einmischen und mitmachen und für Jesus Christus, der überraschenderweise auch dich gefunden hat, bitten. Du wirst dich wundern, was du alles tragen und aushalten, abnehmen und erleichtern kannst, weil er dir vorangeht.

Jesus Christus – die Tür.

Klopfe doch da einmal an und sage: Hier bin ich! Leite meinen Gang nach deinem Wort!

Eben noch mit neuem Hut und weißem Hemd,
unter dem Hut noch Haar, unter dem Hemd
noch Herz, vor dem Spiegel, doch nach kaum
vollendeter Drehung rufe ich:
Haltet den Dieb! Denn der Hut
ist weg wie die Haare, wie Hemd und Herz.

Unbemerkt kommt er und ohne Gesicht
in vielen Masken, ermeßbar, aber
nicht faßbar: schleppt er jegliches fort.

Manchmal schreckt mich auf
seine spürbare, seine plötzliche Nähe:
Haltet den Dieb! schreie ich: Er
nimmt mir das Leben!
doch er läuft weiter, er rennt und rinnt
und rast und trägt mit wachsender Eile
Millionen Hüte und Millionen Herzen
nach Nirgendwo.“[2]

2 siehe Quellennachweis

G: Das einzige Wort Gottes*

Wir feiern heute Geburtstag. Eine betagte, liebenswerte Dame wird sechzig Jahre alt. Normalerweise geht man mit diesem Alter in den Ruhestand. Sie aber denkt nicht im Traum daran, auch wenn mancher sie gern ruhiggestellt sähe. Einer breiten Öffentlichkeit ist sie kaum bekannt. Wohl nur wenige Gratulanten werden sich einstellen. Möglicherweise hat sie sich dies auch selber zuzuschreiben, denn sie konnte und wollte es noch nie einem Menschen recht machen, am allerwenigsten sich selbst, und wird es, so Gott will, in Zukunft auch nicht tun. Die alte Dame erfreut sich bester Gesundheit, sie ist zählebig, widerborstig und stur. Vermutlich wird sie uns und unsere Kirchentümer alle überleben. Von wem ist die Rede? Es geht um die „Theologische Erklärung der Bekenntnissynode von Barmen (1934)".

Dieses Bekenntnis wurde gesprochen, als in Deutschland der Nationalsozialismus mit seinem Messias Adolf Hitler an die Macht gekommen war und auch in der Kirche gehört und unterstützt zu werden verlangte. Man stelle sich das nicht so vor, als wäre jene Zumutung zu Beginn des Dritten Reiches an eine seetüchtige Kirche herangetragen worden. Das Schiff war bereits leckgeschlagen. Jene ungestüme nationale Bewegung wurde doch auch von vielen Christen, die die Kirche auf Kurs bringen, den göttlichen Zeichen der Zeit Rechnung tragen und den Anschluß nicht verpassen wollten, freudig begrüßt. Sie wurde zur Glaubensbewegung. Endlich schien Leben ins trostlose kirchliche Leben Einzug zu halten: „Die Befreiung unseres Volkes, der Aufbruch des neuen Geschichtsalters, ist auch Befreiung und Aufbruch des evangelischen Christentums" (E. Hirsch). „In Hitler ist die Zeit erfüllt für das deutsche Volk. Denn durch Adolf Hitler ist Christus, Gott der Helfer und Er-

* Vortrag zu These 1 der „Theologische(n) Erklärung der Bekenntnissynode von Barmen" (1934); gehalten im Gemeindegottesdienst am 29.05.1994 (Trinitatis)

löser, unter uns mächtig geworden." – Man möchte es nicht für möglich halten, aber so haben die „Deutschen Christen" 1933 und in den Folgejahren geredet und gehandelt. Wie nur kamen sie dazu, in jenen bewegenden, viele mitreißenden Ereignissen das Wehen des Geistes Jesu Christi zu erkennen, sich ihm gläubig hinzugeben, ihm mit den Mitteln der Kirchenpolitik zum Durchbruch zu verhelfen? Woher nahmen sie das Recht, sich einen „geistlichen Führer" geben, das Evangelium germanisieren und die Kirche von „jüdischen Elementen" „reinigen" zu sollen? Und vor allem: Wie kamen die Protestanten in Barmen dazu, ihnen zu widersprechen und diese eifrigen „Schwestern und Brüder" von Joh 10,1 her als „Diebe und Räuber" anzusehen?

Einige ältere Gemeindeglieder haben mir erzählt, wie es hier bei uns praktisch aussah. Der Pfarrer, der der Bekennenden Kirche angehörte, wurde durch sein Auftreten vielen zur Last. Das Berliner Konsistorium legte ihm daher nahe, Jugendliche doch um Gottes Willen in HJ-Uniform zu konfirmieren, um die Gemeinde vor Schaden zu bewahren. Nicht wenige Eltern waren der kirchlichen Anweisung schon zuvorgekommen und schickten ihre Sprößlinge in die Nachbargemeinde zum Unterricht, wo damals ein Pfarrer tätig war, der den Zeitgeschmack offensichtlich besser traf.

Die erste These der Barmer Erklärung lautet:

> *Jesus Christus spricht: Ich bin der Weg und die Wahrheit und das Leben; niemand kommt zum Vater denn durch mich. (Joh 14,6)*
> *Wahrlich, wahrlich, ich sage euch: Wer nicht zur Tür hineingeht in den Schafstall, sondern steigt anderswo hinein, der ist ein Dieb und Räuber. Ich bin die Tür; wenn jemand durch mich eingeht, der wird selig werden. (Joh 10,1.9)*
> Jesus Christus, wie er uns in der Heiligen Schrift bezeugt wird, ist das eine Wort Gottes, das wir zu hören, dem wir im Leben und im Sterben zu vertrauen und zu gehorchen haben.
> Wir verwerfen die falsche Lehre, als könne und müsse die Kirche als Quelle ihrer Verkündigung außer und neben diesem einen Worte Gottes auch noch andere Ereignisse und

Mächte, Gestalten und Wahrheiten als Gottes Offenbarung anerkennen.

Jeder versteht sofort, was hier gesagt wird. Es gibt nur ein Wort, nur eine Wahrheit Gottes: Jesus Christus. Es gibt nur einen Zugang und nur einen Weg zu Gott: Jesus Christus, der durch das Zeugnis der Heiligen Schrift zu uns spricht. Nach diesem Zeugnis ist er nicht eine Tür, ein Weg und eine Wahrheit unter oder neben anderen Türen, Wegen und Wahrheiten, sondern als der gekreuzigte und auferstandene Herr in eigener Freiheit und Kraft die rettende Tür und der Weg zum Leben. Er allein. Darum habe er nicht bislang verborgene Wahrheiten in den Ereignissen der 30er Jahre mitzuteilen, sondern er selber sei diese eine, von uns zu hörende Selbstkundgabe Gottes. Wir halten weder Hitler noch andere Glücks- oder Unglücksbringer für Gottes Offenbarung. Das deutsche Lebensgefühl kann nicht Quelle unserer Verkündigung sein.

Damit ist nicht bestritten, daß Gott für seine Welt eintritt und in der Geschichte handelt. Durch ihre „Ereignisse und Mächte, Gestalten und Wahrheiten" als solche können wir aber nicht erkennen, wie, wo und woraufhin er handelt, und wer er ist. Wir würden uns in unseren eigenen Spekulationen verfangen. Wir können nicht sagen, diese oder jene uns begegnenden Ansprüche wären sein Anspruch auf unser Leben. Müßte die Kirche für ihre Verkündigung aus solchen Quellen schöpfen, dann wäre nicht einzusehen, wieso wir nicht der nationalsozialistischen Doktrin heute und der Vollendung der deutschen Einheit morgen als dem jeweils geltenden Anspruch Gottes zu folgen hätten. Wir aber haben uns an das Zeugnis der Bibel zu halten, an das Zeugnis der Selbstbezeugung Gottes in Jesus Christus.

Wieso haben wir uns daran zu halten? Auf welchem Wege sind wir zu dieser Einsicht gelangt? Daß Jesus Christus „das eine Wort Gottes" sei, das einzige, „das wir zu hören, dem wir im Leben und im Sterben zu vertrauen und zu gehorchen haben", wer empfände das nicht erst recht als Zumutung? Wir wären ja tote Klötze, wenn uns die Ausschließlichkeit der Bibelworte, die die Christen in Barmen nachsprachen, nicht befremden, nicht an- oder gar abstoßen würde. Daß Jesus Christus ein Weg und eine Wahrheit sei, das könnten wir ohne weiteres wahr sein lassen und danach, ein jeder mit seinem Christus, getrost unserer Wege gehen. Aber so sind die Bibelworte nicht gemeint, und darum wird sich, wenn sie nur laut werden, von allen Seiten Protest melden: im Namen des lieben Gottes, im Namen von allerlei Aufbrüchen zu neuen Ufern, im Namen des friedlichen Zusammenlebens der Religionen, im Namen von Wissenschaft, Kunst und Kultur, zuletzt (oder vielmehr von Anfang an eben) in unserem eigenen Namen. Wer hier nicht zauderte und maulte, der wäre durch jene Tür, die Jesus Christus heißt, ja schon hindurchgegangen. Er hätte die Wahrheit gefunden, da sie ihn gefunden hat. Auf welchen Wegen sollte seine Wahrheit sonst zu finden sein?

Die Heilige Schrift bezeugt, daß Jesus Christus Gottes eigener Name ist. Oder eben das eine Wort, in welchem er sich selber gänzlich ausgesprochen hat, erkennt und bejaht. Das eine Wort, in welchem er sich auch über den Menschen und sein Verhältnis zu ihm erfreulich geäußert hat. Das ist Jesus Christus: das Wort, durch das alles geworden ist, was ist; das Wort, das die Versöhnung und die Erlösung in sich trägt; das Wort, durch das er sich selbst verkündigt. Kein menschliches, kein kirchliches, sondern Gottes eigenes Wort „voll Gnade und Wahrheit" (Joh 1,1–4.14.16–17; vgl. 2.Kor 4,4–6; Kol 1,15).

Dieses Wort können und müssen wir nicht beweisen. Das Wort, das eines menschlichen Beweises bedürfte, wäre gewiß nicht Gottes Wort. Dieses eine Wort beweist und empfiehlt sich selbst. Es gibt kein Maß, mit dem zu messen, und kein Kriterium, mit dessen Hilfe zu beurteilen wäre, ob Jesus Christus das eine, wahre Wort Gottes ist – außer ihm selbst. Jesus Christus spricht für sich und steht für sich selber ein. Als jenes fleischgewordene Wort Gottes steht er auch ganz für uns ein. Er schenkt die Erkenntnis seiner selbst und macht uns, wiederum durch sich selbst, seiner froh und gewiß. Wo Jesus Christus ist, ist Gott auf dem Plan.

Jesus Christus geht uns alle an, da er „Gottes Zuspruch der Vergebung aller unserer Sünden ist" (These 2). So hat er sich für uns ausgesprochen. Er ist aus sich herausgegangen, um die

Gottlosen auf seine Seite zu bringen. Als der gekreuzigte, uns dadurch für sich aufrichtende Gott spricht er sich in unser Leben hinein, daß uns durch ihn keine totalitäre Inanspruchnahme, sondern „frohe Befreiung aus den gottlosen Bindungen dieser Welt“ widerfährt, und zwar „zu freiem, dankbarem Dienst an seinen Geschöpfen“. Wie Gott sich in Jesus Christus nicht nur aus-, sondern sich uns ganz zugesprochen hat und immer wieder zuspricht, „so und mit gleichem Ernst ist er auch Gottes kräftiger Anspruch auf unser ganzes Leben“ (ebd.). In allen Lebensbereichen haben wir aus seinem gnädigen Zuspruch seinen Anspruch zu hören und ihm darum als dem einen Wort Gottes zu vertrauen und zu gehorchen. Anders würden wir ihm, anders würden wir uns selber Unrecht tun.

Alles kirchliche Reden und Bekennen hat darin seine Freiheit und seine Grenze, daß Gott geredet hat und noch redet. Jesus Christus ist Gottes freie Rede (2.Tim 2,9). Daß er sich bis zur Vollendung der Welt zu seinem Wort bekennt, auch einer von ihm absehenden Kirche gegenüber daran festhält und es wahrmacht, des durften die Christen in Barmen, zu ihrer eigenen Überraschung womöglich, Zeuge sein. Sie wurden es, weil ihnen etwas anderes als das Schriftzeugnis nicht übrigblieb. Von daher war abzusehen, was geschehen würde, wenn die Verkündigung „einer heldischen Jesusgestalt“ als das der deutschen Art gemäße Evangelium und die „aus Blut und Boden erwachsene Geschichte unseres Volkes“ als das „Gesetz Gottes“ Gehorsam heischt.

Der Auftrag der Kirche besteht darin, im Dienst des eigenen Wortes und Werkes Christi „die Botschaft von der freien Gnade Gottes auszurichten an alles Volk“ (These 6). Diesem Auftrag verdankt sie ihr Dasein. Etwas anderes, als diesen Auftrag auszuführen, hat sie nicht zu tun. Sie bildet nicht die Vorhut, sondern die Nachhut des sich selbst verkündigenden Herrn. Sie lebt in der Welt als Gemeinde von Schwestern und Brüdern durch und für ihren Auftraggeber – oder sie lebt gar nicht. Mit all ihren Äußerungen hat sie als „die Kirche der begnadigten Sünder“ zu bezeugen, daß sie niemandem, nicht einmal sich selbst gehört. Sie gehört ihrem Herrn, von dessen Trost und Weisung sie in der Hoffnung auf ihn lebt und leben möchte. Da sie die Gemeinde der von ihm gerufenen und in Anspruch genommenen Zeugen ist, hat ihre Gestalt und ihre Praxis allein ihrem Auftrag zu entsprechen und zu dienen (These 3 und 4).

Was geht uns der Streit von damals heute an? Die Zeiten sind vorbei. Jedenfalls scheint die Kirche für den braunen Geist unanfälliger geworden zu sein. Was aber, wenn sich die Menschen immer weniger für das Reden und das Leben der Kirche interessieren? Was aber, wenn sich das Meer mit seinen kleinen und großen religiösen oder nichtreligiösen Vergnügungsdampfern einfach verzieht? Sitzen wir mit unserm alten Kahn dann nicht schön auf dem Trockenen? Was aber, wenn uns der Zeitgeist nur noch angähnt, die Matrosen sich der Reihe nach ausschiffen, derweil die Übriggebliebenen verzweifelt nach Wasser graben oder über der Verwaltung musealer Restbestände alt und grau werden?

Die erste These der Barmer Erklärung erinnert uns nicht nur an die Wahrheit Gottes in Jesus Christus. Sie erinnert uns ebenso daran, wodurch wir, die Kirche, wahrhaftig werden. Wir werden es nicht durch unsere Selbstempfehlung, nicht durch unser Engagement auf diesem oder jenem Feld. Wir werden es nicht, indem wir es uns und den Menschen recht zu machen versuchen und das tun, was ihnen jeweils als dienlich erscheint. Wir werden es durch das eine Wort Gottes, das wir zu hören haben, werden es durch die Wahrheit, die uns entgegensteht, aber auch entgegenkommt.

Der gute Hirte

Johannes 10,11–18.27–30

Ich bin der gute Hirte.

Ich kenne die Meinen,
und die Meinen kennen mich,

so wie mich der Vater kennt,
und auch ich den Vater kenne.

Mein Leben setze ich für die Schafe ein.

11 Ich bin der gute Hirte.
Der gute Hirte setzt sein Leben für die Schafe ein.

12 Der Tagelöhner, der nicht der Hirte ist
und dem die Schafe nicht selbst gehören,
sieht den Wolf kommen,
läßt die Schafe im Stich und flieht,
so daß der Wolf sie reißt und auseinandersprengt.
13 Er ist eben Tagelöhner,
die Schafe liegen ihm nicht am Herzen.

14 Ich bin der gute Hirte.
Ich kenne die Meinen,
und die Meinen kennen mich,
15 so wie mich der Vater kennt,
und auch ich den Vater kenne.
Mein Leben setze ich für die Schafe ein.

16 Ich habe sogar noch Schafe,
die nicht aus diesem Gehege sind.
Jene muß ich noch zu mir führen.
Sie werden meine Stimme hören,
und es wird eine Herde werden unter einem Hirten.

17 Deshalb liebt mich der Vater,
weil ich mein Leben einsetze,
damit ich es wieder erlange.
18 Niemand nimmt es mir,
sondern ich setze es freiwillig ein.
Ich habe Macht, es einzusetzen,
habe Macht, es wieder zu erlangen.
Diesen Auftrag habe ich von meinem Vater bekommen.

27 Meine Schafe hören meine Stimme,
ich kenne sie,
und sie folgen mir;
28 ich gebe ihnen das ewige Leben,
und sie werden nimmermehr umkommen.
Keiner wird sie meiner Hand entreißen.
29 Der Vater, der sie mir gegeben hat,
ist größer als alles:
niemand kann sie der Hand des Vaters entreißen.
30 Ich und der Vater sind eins.

B: Kommentar

Einen weiteren Heilsaspekt des Auftrags Christi möchte der zweite Teil der Hirtenrede erhellen (10,11–18): Der Hirte verteidigt die Schafe unter Einsatz seines Lebens gegen den Wolf. Zwei Hirtenworte im Ich-bin-Stil strukturieren den Text (10,11a.14a). Sie unterscheiden sich auffällig von den übrigen Ich-bin-Worten und ähneln 15,1.5. Dem „Ich-bin" folgt das Bildwort mit einem qualifizierenden Adjektiv. Dann wird ein außergewöhnliches Handeln geschildert (10,11b.14bf.), 10,12f. vom Tun eines anderen abgehoben, um die Qualität der Ich-bin-Aussage hervortreten zu lassen.

Der angemietete Hirte im Nebenberuf, so die Unterstellung, wird in einer Extremsituation, wenn nämlich der Wolf kommt, sich nicht für die Schafe, sondern für sein Leben entscheiden. Mit seiner Selbstliebe und ihren katastrophalen Folgen für die Schafe ist zu rechnen, weil er nicht der Hirte, sondern ein Angestellter ist, weil ihm die Schafe nicht gehören und am Herzen liegen. Das Beispiel paßt nicht zu 10,5.8, auch dann nicht, wenn man kühn voraussetzen möchte, die Schafe wüßten die Stimme eines Mietlings von der Stimme eines Fremden zu unterscheiden. Die verschiedenen Bildmotive folgen eben der Christologie, nicht die Christologie den Bildern! Wie die einzelnen Begründungen das negative Verhalten des Tagelöhners nicht erklären, aber verständlich erscheinen lassen, so erklären sie umgekehrt auch nicht das Verhalten des guten Hirten, dessen Guttun gerade darin besteht, daß er – volles Risiko! – die Schafe mehr liebt als sein eigenes Leben. 10,17f. führt aus, warum diese Aussage und auch alle anderen bis auf 10,16 (nachgetragene Vorausschau: Ach ja, die Heidenchristen!) konsequent präsentisch formuliert sind: der freiwillige Selbsteinsatz Christi bei der Verteidigung der Seinen ist überhaupt Stigma seines auftragsgemäßen Herrschens. Als jenen guten Hirten kennen/lieben ihn seine Schafe, sie hören seine Stimme und folgen ihm nach (10,3f.14.16.27).

10,28–30 wollen unerschütterliche Gewißheit im Hinblick auf Zweck und Ziel der Herrschaft des guten Hirten vermitteln. Nichts und niemand, auch nicht der Vater, der sie ihm ja anvertraut hat, kann ihm die Schafe rauben. Sie tragen seine Zeichen. Da er ihnen das ewige Leben gibt (Präsens!), können sie nicht verloren gehen, ganz gleich, wie der Wolf jeweilen heißen und sich benehmen mag.

C: Predigt

Jesus Christus spricht: „Ich bin der gute Hirte. Der gute Hirte setzt sein Leben für die Schafe ein."

Hier wird etwas gesagt, was kein Hirte macht – und ein angestellter Hilfshirte erst recht nicht: sein Leben für Schafe einzusetzen. Jeder andere möchte von seinen Schafen etwas haben, und derjenige gilt als guter Hirte, der mit seiner Herde den größten Gewinn erzielt. Zu diesem Zweck werden die Schafe auf gute Weide geführt, auf Erfolgskurs gebracht und sogar medizinisch betreut, denn man will von ihnen möglichst viel gute Wolle haben – bis sie einst im Schlachthof und auf irgend einem Teller landen. Ungefähr in diesem Rahmen wird jeder Hirte und ein jeder Hilfshirte, der seinen Lebensunterhalt mit ihnen verdienen will, die Schafe gern haben, sich um sie kümmern und sie notfalls verteidigen. Genaugenommen verteidigt er seinen Anspruch auf sie, sein privatwirtschaftliches Interesse. Mit gewissen Verlusten hatte er dabei von vornherein gerechnet. Kommt eines schönen Tages zufällig der Wolf vorbei, und hat Meister Hilfshirte dummerweise seine Flinte nicht griffbereit, wird sich in seinem Kopf blitzschnell eine sogenannte Güterabwägung vollziehen – er wird die Herde aufgeben und sich eiligst, sein schweres Schicksal beklagend, aus dem Staube machen. Da käme ans Tageslicht, daß ihm die Schafe nicht am Herzen liegen. Wer wollte von ihm auch verlangen, daß er sich in einer solchen Ausnahmesituation vor die Schafe stellt und sich dem Wolf in den Rachen wirft? Wie käme er dazu?

Jesus Christus spricht: „Ich bin der gute Hirte. Ich kenne die Meinen, und die Meinen kennen mich, so wie mich der Vater kennt, und auch ich den Vater kenne. Mein Leben setze ich für die Schafe ein."

Den guten Hirten zeichnet es aus, daß er seine Schafe kennt und sie – volles Risiko! – mehr liebt als sein eigenes Leben. Ihm gehören sie, er ist ihr guter Hirte. Er verteidigt sie mit seinem Leben. Herr Wolf wird sich wohl oder übel nach vegetarischer Kost umsehen müssen. Andernfalls muß er mit dem Hirten vorlieb nehmen und sich an ihm verschlucken. Es hülfe ihm nichts, im Schafspelz daher zu kommen und die Backen voller Kreide zu haben. Die Schafe kennen ihren Hirten. Sie lieben seine Stimme und folgen ihr.

An diesem Hirten hat Gott seine ganze Freude. In ihm erkennt er sich. So liebt auch er ihn. Indem er sein Leben für die Schafe aufs Spiel setzt, ist er mit ihm einig. Und weil er mit ihm einig ist, setzt der sein Leben für die Schafe ein. Diesen Auftrag hat er von seinem Vater bekommen. Er erfüllt ihn von sich aus. Er hat die Freiheit und macht von ihr Gebrauch, sich ohne Vorbehalt hinzugeben und für andere sein Leben einzusetzen. Er hat Macht, es wieder zu erlangen. Das Leben wird ihm nicht genommen, er gibt es freiwillig für die Menschen, die ihm anvertraut sind. An ihm ist gar nichts dunkel oder problematisch, nichts zu beklagen. Er läßt nichts zu wünschen übrig. Seine freiwillige Lebenshingabe für die Schafe ist nicht Ausdruck seiner Ohnmacht oder Schwäche, sondern Ausdruck seiner Härte.

Christus spricht: „Meine Schafe hören meine Stimme, ich kenne sie, und sie folgen mir; ich gebe ihnen das ewige Leben, und sie werden nimmermehr umkommen. Keiner wird sie meiner Hand entreißen."

Dieser Hirte ist sich seiner Sache hundertprozentig sicher. Ein von ihm irgendwie ernstzunehmender Wolf, der ihm das Wasser reichen, ihm Zugeständnisse abringen, seine Herrschaft gefährden oder behindern, geschweige, ihm etwas aus der Hand reißen könnte, ist nicht vorhanden. Selbst im Bauch des Ungetüms behielte er die Schafe in seiner Hand. Der gute Hirte ist so zuversichtlich, daß er sich noch ein bißchen Zeit lassen, sich für seine Schafe Zeit nehmen, sie alle kennenlernen, sich ihnen mitteilen, sie zu sich führen kann. Er führt sie am Wolf vorbei spazieren.

Indem wir diese Stimme hören, möchte uns der Gedanke kommen, wir hätten uns in der Welt geirrt. Wo leben wir denn? Und wie? Sind wir, ohne daß wir etwas davon bemerkt hätten, denn auf einer pastoralen Kaffeefahrt? Das kann doch wohl nicht wahr sein. Was spielt sich nicht alles unter den Schafen ab, die auch gern Wolf, Hirte und Hund spielen – und wahrlich nicht nur spielen! Sind sie es nicht, die den guten Hirten gar nicht haben wollen, ihn nicht ertragen, ihn angähnen, das Langweilige interessant, das Interessante langweilig finden, an ihm vorbeileben, sich über ihn lustig machen, ihm Knüppel zwischen die Beine werfen und, sobald sie ihn in die Finger bekommen, kurzen Prozeß mit ihm machen? – Vor diese Schafe stellt sich der gute Hirte freiwillig und verteidigt sie mit seinem Leben. Für sie kämpft er den Kampf seines Lebens. Er sieht sie in seinem Licht und kennt sie ganz anders, als sie sich selber kennen. Unter ihnen wird seine Stimme laut, und sie folgen ihm freiwillig, lieben ihn. – Was für ein Wunder!

An der Hirtenrede sind zwei Dinge besonders ohrenfällig. Die Kennzeichen des Hirten werden interessanterweise zu Merkmalen der Schafe. Er setzt sein Leben für sie aufs Spiel, sie haben nichts zu befürchten. Er ruft sie, sie hören seine Stimme. Er kennt sie, sie kennen ihn. Er geht vor ihnen her, sie folgen ihm freiwillig. Er gibt ihnen das ewige Leben, sie werden nimmermehr umkommen. Er will von ihnen gar nichts – außer daß alles, was ihm gehört, auch ihnen zugute kommt, alles, was ihn auszeichnet, sie zeichnet. So nimmt er sie in Anspruch. Er wäre nicht ihr guter Hirte, und sie wären nicht seine Schafe, wenn es anders wäre.

Die zweite Besonderheit der Hirtenrede besteht darin, daß in ihr nicht ein einziger Befehl an die Schafe ergeht. Die Schafe werden nicht zum Exerzierplatz gebrüllt und zum Kampf gegen den Wolf mobilisiert. Gegen sie wird kein Vorwurf erhoben. Sie müssen sich weder eine gepfefferte Moral- noch eine gesalzene Bußpredigt anhören und den Schwanz einziehen. Den entscheidenden Befehl hat nur der gute Hirte erhalten. Er erfüllt ihn freiwillig mit seinem Leben. Die Rede des Hirten besteht aus lauter fröhlichen Indikativen und strahlt, obwohl sie dramatischste Geschichte schildert, überlegene Ruhe aus.

Welches Schaf fühlte sich nicht berufen, ja geradezu autorisiert, da überall seine großen und kleinen Fragezeichen, Fußnoten und Losungen anzubringen? Schließlich ist noch nicht aller Tage Abend. Gewiß, gewiß – das ist wohl wahr.
Schon aber ist aller Tage Morgen.

D: Gebet

unser VATER

dank sei dir
daß du deinen sohn
gegeben hast
der mit seinem leben
dafür einsteht
daß wir nicht verloren gehen
sondern durch ihn
das leben haben

mache uns auch heute
froh und hell
daß wir dich lieben
wie du uns zuerst geliebt hast
daß wir aneinander
nicht vorbeieilen
sondern uns füreinander
auf dich freuen

daß wir also praktisch
ernst damit machen
daß du ohne die geschwister
in der gemeinde
ohne all die andern
und letzten
nicht zu haben bist

vollende
was du angefangen hast
kehre uns um
auf deinen weg
heile all unsere
zerrissenheit
belebe uns
durch deine güte

F: „Der Herrscher

Nein, er will keinen Kult um seine Person. Auszeichnungen und Ehrungen lehnt er prinzipiell ab, jede offizielle Huldigung ist ihm verhaßt. Schließlich arbeiten die anderen genauso, meint er, auch wenn ich Herrscher bin, tue ich nicht mehr für mein Volk als es für mich tut. Umschmeichelt möchte er nicht werden, keinesfalls sollen Plätze oder Straßen seinen Namen tragen; auf eine besondere Grußformel legt er keinen Wert. Auch an der Tafel sitzt er inmitten der anderen. Daß sie seinem Hund einen Ehrenplatz einräumen, freut ihn. Zeitig hat er dessen Fähigkeiten erkannt, eher gespürt, was andere noch nicht sahen – nicht ohne Grund wird der Hund seit längerem zu allen wichtigen Beratungen hinzugezogen. Sie achten das Tier. Es macht Spaß zuzusehen, wie sie vor ihm knien. Einigen ist Bellen gestattet. Und manchmal darf der eine oder andere den Speisenapf auslecken. Zweifellos handelt es sich um einen besonderen Hund: sein Standbild steht auf allen öffentlichen Plätzen. Das Volk vertraut dem Knurren. Derzeit wird für einen Palast, ihm zu Ehren, gesammelt. Als höchste Auszeichnung hat man erst vor kurzem den dreifachen Biß eingeführt. Und gegen den Vorschlag, alle Feinde des Hundes zu köpfen, hat er nichts einzuwenden."[3]

„‚*Shepherd one*',

zu deutsch, ‚Hirte eins' hat die US-amerikanische Fluggesellschaft ‚American Airlines' (AA) das Flugzeug getauft, mit dem Papst Johannes Paul II. am Sonntag von den USA nach Rom zurückreisen wird. Wie aus einer von der Fluggesellschaft in Washington verbreiteten Pressemappe hervorgeht, wurde die Erste-Klasse-Kabine für den Papst mit einer Sonderausstattung versehen.

So solle Johannes Paul II. in einem Bett, das mit belgischem Leinen bezogen ist, ruhen können. Das Bordprogramm ent-

3 siehe Quellennachweis

halte Filme in englischer und italienischer Sprache zur Unterhaltung des katholischen Kirchenoberhauptes während des elfstündigen Fluges.

Die Fluggesellschaft kündigte weiter an, den Papst unter anderem mit Lachs, Kalbsbraten, Hühnchen und Schweizer Schokolade bewirten zu wollen.“[4]

4 siehe Quellennachweis

G: Kindergottesdienst (Joh 10,11–15)

*1. Aufbau**

Orgelvorspiel
    Begrüßung und Einleitung
EG 440
    Psalm 23; EG 711
    Gloria patri
    Kollektengebet
    Brief-Lesung: 1. Petr 2,21–25
EG 274,1–4
    Lesung: Joh 10,11–18
    Credo
EG 274,5
    (Predigt usw.)

Kindergottesdienst
    Motto:
    „Was bin ich für ein Schaf!"
EG 288,2–3.6
    Gebet
EG 434

2. Hilfsmittel

- Hirtenfigur aus Zeichenkarton (mit Kerze)
- vorbereitete Papierschäfchen (Zeichenkarton knicken, Umriß eines Schäfchens zeichnen, den Rücken am Falz ansetzen und ausschneiden)
- Filzstifte zum Konturieren

* Dieser Entwurf ist für 6–12jährige Kinder konzipiert und setzt voraus, daß diese bis zur Predigt am Gottesdienst der Gemeinde teilnehmen.

„Ich bin der gute Hirte. Der gute Hirte setzt sein Leben für die Schafe ein." So stellt sich Jesus Christus vor. Und wie er redet, handelt er. Er stellt sich vor uns. Was das heißt, dem wollen wir in unserem Gottesdienst heute nachgehen.

Die Rede des „guten Hirten", der mit seinem Leben die Schafe verteidigt, mag uns befremdlich sein. In unserer Gegend gibt es kaum noch Hirten. Ich vermute, daß ihr einen Hirten mit seiner Herde in freier Natur noch nie gesehen habt. Ich habe Hirten mit ihren Herden schon gesehen, und zwar in Rumänien. Es war ganz anders, als ich es mir vorgestellt hatte. Diesen Hirten möchte ich nicht im Mondschein begegnen und sie zum Feinde haben. Es sind rauhe Gesellen, die bei Wind und Wetter bei ihren Schafen sind und ihr Handwerk verstehen.

Manche lächeln, das Bild von Hirt und Herde sei nicht zeitgemäß. Schließlich leben wir in einer Gesellschaft, die sich in dem Verhältnis eines Hirten zu seinen Schafen (wer sind wir denn!) gewiß nicht wiedererkennen kann. Das ist natürlich richtig. Aber darum geht es nicht. Hier soll uns kein vorzeitliches Modell empfohlen, sondern ein außergewöhnliches Handeln angezeigt werden. Wie Jesus Christus als der Sohn Gottes sich für uns einsetzt und uns verteidigt – darauf soll unser Augenmerk gelenkt werden.

4. Kindergottesdienst

„Was bin ich für ein Schaf!"

Beispiele vom Vergessen, Verlieren und Übersehen
– Vorgabe:

Stellt euch vor, was mir neulich passiert ist! Da fahre ich mit dem Auto nach H. zum Unterricht. Alles muß schnell gehen, ich bin spät dran. In H. werde ich schon erwartet. Die Konfirmanden eilen auf mich zu, um mich zu begrüßen. Ich mache die Tür auf, lege den Riegel um, steige aus und werfe die Tür zu. „Hallo, da seid ihr ja!" Dann geht nichts mehr. Ich kann die Tasche nicht nehmen, den Raum nicht aufschließen, denn

Schlüssel und Tasche sind im Auto, und das Auto ist zu. Der Schlüssel steckt noch im Zündschloß. Die Konfirmanden sind begeistert, ich stehe da. Was bin ich für ein Schaf! Zum Glück konnte ich zu Hause anrufen und meinen Sohn bitten, mir den Ersatzschlüssel zu bringen. Als er kam, war die Stunde um. Gut, daß er kam.

Habt ihr auch schon einmal etwas vergessen, übersehen, verloren, daß ihr über euch selbst wütend oder traurig wart?

- weitere Beispiele werden zusammengetragen
- wer eines erzählt, bekommt ein Papierschäfchen

„Was ist die/der für ein Schaf!“

Beispiele vom Anstoßnehmen an anderen

– Vorgabe:

Die „Na-du-weißt-schon“ kann einfach nicht ihre Klappe halten. Was man der sagt, weiß bald die halbe Welt, und nicht einmal richtig. Letztens hat es die „Na-du-weißt-schon“ doch tatsächlich fertiggebracht, mich lächerlich zu machen. Dabei hatte ich nur keine Lust, Riesenrad zu fahren. Etwas mulmig war mir ja, aber ein Angsthase bin ich nicht! Die aber tratscht es breit und muß auch noch ihren Senf dazugeben. So ein blödes Schaf! Mit der rede ich gar nicht mehr.

- weitere Beispiele werden zusammengetragen
- wer eines erzählt, gibt das Papierschäfchen einem(r) X-Beliebigen (Ähnlichkeiten sind natürlich rein zufällig!)
- wer selber Anstoß gab, bekommt es selbst

Weil nicht alle zu Wort kommen konnten, wir aber alle solche Geschichten kennen, bekommt nun jede(r) ein Papierschäfchen.

Der gute Hirte

Vorhin wurde gelesen, daß wir einen Hirten haben, der sich für uns einsetzt wie niemand sonst. Wir haben ihn uns nicht ausgesucht. Der gute Hirte hat sich uns ausgesucht. Er hat einen Namen. Wir haben gehört, wer er ist, was er macht, und wer wir für ihn sind. Wir wollen es uns in Erinnerung rufen. (Text oder Textparaphrase eventuell wiederholen)

Er heißt?

Warum heißt er auch „der gute Hirte"?

Weil er sich für uns einsetzt (doppelte Hervorhebung!). Nicht nur so ein wenig mit dem kleinen Finger, sondern ganz. Es ist sein Beruf! Wer uns angreift, uns ihm wegnehmen will, bekommt es mit ihm zu tun. Mit ihm zuerst.

Wir gehören ihm und liegen ihm am Herzen.

Wie ihr euren Eltern am Herzen liegt, der Freundin oder einem Freund. Wir alle sind ihm wichtiger, als er sich selbst!

– unsere Papierschäfchen bekommen sein Zeichen (Kreuz).

Er kennt uns

besser, als wir einander und uns selber kennen. Für ihn sind wir keine Nummer. Für ihn tragen wir einen Namen, haben ein Gesicht. Er weiß, was jede(r) am dringendsten braucht. Wir brauchen ihn, und er ist immer für uns da.

– die Papierschäfchen bekommen ein Gesicht (Nase, Mund und Auge) und am Hals unseren Namen (wer seinen Namen noch nicht schreiben kann, erhält Hilfe)

Wir kennen ihn.

Wie denn das? Wir kennen ihn oder müßten ihn kennen, da wir seine Schafe sind. Er ruft uns mit Namen und möchte uns mit sich bekannt machen: „Ich bin der gute Hirte." Anders könnten wir ihn nicht kennenlernen.

Übrigens redet nicht nur er. Er läßt auch gern mit sich reden. Wir können ihm danken, daß wir nicht allein sind auf weiter Flur. Wir können ihn bitten, einem anderen Schaf, das uns ärgert oder dem es gar nicht gut geht, besonders gut zu sein. Wir können ihn jedenfalls nicht bitten, einem „schwarzen Schaf" besonders böse zu sein. So läßt unser guter Hirte nicht mit sich reden.

– unsere Papierschäfchen bekommen ein großes Ohr

Nehmt bitte eure Schäfchen, haltet sie hoch und schaut euch einmal aufmerksam um! Was fällt euch auf?

N.N. trägt auch sein Zeichen, N.N. ist ihm wichtiger als er sich selbst. N.N. hat ein Gesicht und einen Namen. Wir haben Ohren, um zu hören, wer der gute Hirte ist, wie kostbar wir ihm alle sind. Er wünscht sich, daß wir ihn uns gern gefallen lassen und es auch gut meinen und machen wie er.

Ich gebe zu, das ist nicht leicht. Es ist viel leichter, zu jemandem zu sagen: Du blödes Schaf! Oft wollen wir es nicht wissen, daß jedes Schaf einen Namen hat und ein Gesicht, vor allem aber einen guten Hirten, dem es gehört. Der gute Hirte macht es mit mir und dir auch im Schlimmsten nicht böse, sondern gut.

Zum Schluß will ich euch ein offenes Geheimnis verraten (die Kerze, die der Hirte trägt, wird entzündet). Wenn ihr seine Stimme hört, ihm nachgeht, dann werdet ihr merken, daß er, der sich von sich aus für uns stark macht, auch euch stärkt. So hält er es mit uns: er verteidigt uns wirklich vor allen Gemeinheiten, sogar den eigenen!

5. Gebet

Jeder Hirte hat einen Hut.
Der gute Hirte hat einen besonders guten Hut:

Herr, dein guter Segen ist wie ein großer Hut.
Wenn die Leute wüten, wirst du uns behüten.
Wir sind in deiner Hut, und das gefällt uns gut.

Die Auferstehung und das Leben

JOHANNES 11,1–46

Ich bin die Auferstehung und das Leben.

Wer an mich glaubt,
wird leben,
auch wenn er stürbe:
jeder, der lebt und an mich glaubt,
wird gewiß nicht sterben in Ewigkeit.

A: Text

1 Es war aber ein Kranker,
Lazarus von Bethanien,
aus dem Dorf Marias
und ihrer Schwester Martha.
2 Es war jene Maria,
die den Herrn mit Salbe gesalbt
und seine Füße mit ihren Haaren getrocknet hatte.
Ihr Bruder Lazarus war krank.
3 Da sandten seine Schwestern zu ihm
und ließen ausrichten:
„Herr,
sieh,
der, den du liebst,
ist krank."
4 Als Jesus das hörte,
sagte er:
„Diese Krankheit ist nicht zum Tode,
sondern dient der Herrlichkeit Gottes,
damit der Sohn Gottes durch sie verherrlicht werde."
5 Jesus aber liebte Martha
und ihre Schwester
und Lazarus.
6 Als er also hörte,
er sei krank,
da blieb er noch zwei Tage dort,
wo er war.

7 Erst danach spricht Jesus zu seinen Jüngern:
„Laßt uns noch einmal nach Judäa gehen!"
8 Die Jünger sagen zu ihm:
„Rabbi,
eben suchten dich die Juden zu steinigen,
und du willst wieder dorthin gehen?"
9 Jesus antwortete:
„Hat der Tag nicht zwölf Stunden?

Ist einer bei Tage unterwegs,
stolpert er nicht,
denn er sieht das Licht dieser Welt.
10 Ist aber einer in der Nacht unterwegs,
stolpert er,
denn das Licht ist nicht in ihm."
11 Dies sagte er,
und danach spricht er zu ihnen:
„Lazarus,
unser Freund,
hat sich schlafen gelegt.
Aber ich gehe,
um ihn aufzuwecken."
12 Da sagten die Jünger zu ihm:
„Herr,
wenn er eingeschlafen ist,
wird er gesund werden."
13 Jesus aber hatte von seinem Tod gesprochen.
Jene aber meinten,
er rede von der Erholsamkeit des Schlafes.
14 Doch dann sagte Jesus ihnen frei heraus:
„Lazarus ist gestorben.
Ich freue mich für euch,
daß ich nicht dort war,
damit ihr glaubt!
Wohlan, laßt uns zu ihm gehen!"
16 Da sagte Thomas,
den man 'Zwilling' nennt,
zu seinen Mitjüngern:
„Ja, laßt uns gehen,
um mit ihm zu sterben!"

17 Bei seiner Ankunft nun
fand Jesus ihn,
als er schon vier Tage im Grabe war.
18 Bethanien aber lag nahe bei Jerusalem,
ungefähr drei Kilometer entfernt.

19 Viele Juden waren zu Martha und Maria gekommen,
um sie ihres Bruders wegen zu trösten.

20 Als nun Martha hörte,
daß Jesus komme,
ging sie ihm entgegen.
Maria aber blieb zu Hause.
21 Da sagte Martha zu Jesus:
„Herr,
wärest du hier gewesen,
mein Bruder wäre nicht gestorben!
22 Doch nun weiß ich:
Was du Gott bittest,
wird Gott dir geben."
23 Spricht Jesus zu ihr:
„Dein Bruder wird auferstehen!"
24 Spricht Martha zu ihm:
„Ich weiß,
er wird auferstehen
bei der Auferstehung am letzten Tag."
25 Jesus sagte zu ihr:
„Ich bin die Auferstehung und das Leben!
Wer an mich glaubt,
wird leben,
auch wenn er stürbe:
26 jeder, der lebt und an mich glaubt,
wird gewiß nicht sterben in Ewigkeit.
Glaubst du dies?"
27 Spricht sie zu ihm:
„Ja, Herr!
Ich habe geglaubt:
du bist der Christus,
der Sohn Gottes,
der in die Welt gekommen ist!"
28 Als sie dies gesagt hatte,
ging sie fort,
rief ihre Schwester Maria

und sagte ihr heimlich:
„Der Meister ist da und ruft dich!"

29 Als aber jene dies hörte,
stand sie sofort auf
und ging zu ihm.
30 Jesus war nämlich noch nicht im Dorf angekommen,
sondern war noch an jenem Ort,
wohin Martha ihm entgegen gegangen war.
31 Wie nun die Juden,
die mit ihr im Hause waren,
um ihr beizustehen,
Maria rasch aufstehen
und hinausgehen sahen,
folgten sie ihr in der Meinung,
sie gehe zum Grabe,
um dort zu weinen.
32 Als Maria nun dorthin kam,
wo Jesus war,
fiel sie ihm,
als sie ihn sah,
zu Füßen und sagte zu ihm:
„Herr,
wärest du hier gewesen,
mein Bruder wäre nicht gestorben!"
33 Als Jesus sah,
wie sie klagte
und die mit ihr gekommenen Juden klagten,
ergrimmte er im Geist, erregte sich
34 und sagte:
„Wo habt ihr ihn hingelegt?"
Sprechen sie zu ihm:
„Herr,
komm
und sieh!"
35 Jesus brach in Tränen aus.
36 Da sagten die Juden:

„Sieh,
wie er ihn liebte!“
37 Einige aber von ihnen sagten:
„Konnte dieser,
der die Augen des Blinden geöffnet hat,
nicht etwas tun,
daß der hier nicht zu sterben brauchte?“

38 Da kommt Jesus,
wiederum in seinem Innern ergrimmt,
zum Grabe.
Es war aber ein Höhlengrab,
auf dem ein Stein lag.
39 Spricht Jesus:
„Hebt den Stein weg!“
Spricht zu ihm Martha,
die Schwester des Verstorbenen:
„Herr,
er stinkt schon.
Er ist doch schon vier Tage tot!“
40 Spricht Jesus zu ihr:
„Habe ich dir nicht gesagt:
Wenn du glaubst,
wirst du die Herrlichkeit Gottes sehen!?“
41 Da hoben sie den Stein weg.
Jesus aber erhob seine Augen
und sagte:
„Vater,
ich danke dir,
daß du mich erhört hast!
42 Ich wußte ja,
daß du mich allezeit erhörst.
Aber wegen der Leute,
die hier ringsum stehen,
redete ich,
damit sie glauben,
daß du mich gesandt hast!“

43 Als er dies gesagt hatte,
brüllte er mit gewaltiger Stimme:
„Lazarus,
komm heraus!“
44 Da kam der Tote heraus,
mit Binden umwickelt an Füßen und Händen
und sein Gesicht mit einem Schweißtuch verhüllt.
Spricht Jesus zu ihnen:
„Macht ihn frei und laßt ihn gehen!“
45 Als nun viele von den Juden,
die zu Maria gekommen waren,
sahen,
was er getan hatte,
glaubten sie an ihn.
46 Einige aber von ihnen gingen zu den Pharisäern
und sagten ihnen,
was Jesus getan hatte.

B: Die Lazarus-Story

Eine Pyramide in der Textlandschaft

Mit Joh 11 führt der Evangelist die Reihe der in die Entscheidung rufenden und die Scheidung des Gerichts vollziehenden sieben Wundertaten des Gesandten, in denen er sich selbst immer deutlicher abzeichnet, zum Höhepunkt. Die Lazarus-Story beginnt mit 11,1 und endet mit der zwiespältigen Zuschauerreaktion der Juden (11,45f.). Ein ähnlicher Szenenschluß liegt 11,36f. vor. Mit 11,46 leitet der Evangelist zur Erzählung vom Todesbeschluß gegen jenen über, der sich nach 11,25 „die Auferstehung und das Leben“ nennt. Man ahnt, wie die Sache ausgehen wird.

Fünf kleine Szenen lassen sich in Joh 11,1–46 ausmachen. Die Story beginnt mit der Schilderung der Akteure, der Umstände und dem Programm (11,1–6). Dem Anfang folgt das Ende auf dem Fuße: die Ausführung der Absicht nämlich und deren Resultat (11,38–46). Doch der direkte Weg dorthin wird vermieden. Die Jünger müssen über den Zweck des Abstechers Jesu nach Bethanien erst noch in Kenntnis gesetzt werden. Weil es jenen an mangelndem Mut nur selten oder nie gebrochen hat, erscheint ihnen der Plan ihres Rabbis riskant, geradezu lebensgefährlich. Bethanien liegt in Feindesland, in dem sich Freund Lazarus leider nicht von allein gesundschlafen kann, da er an seiner Krankheit – plötzlich, aber nicht unerwartet! – vor drei Tagen gestorben ist. Die Zeit zum Aufbruch könnte für Rabbi Jesus nicht günstiger sein. Er freut sich für seine Jünger, daß er nicht dort war, damit sie (an ihn) glauben, nachdem er dem Dahingeschiedenen auf die Sprünge geholfen haben würde (11,7–16). Dieser Szene entspricht die andere, in welcher Jesus die Freude vergeht, und er in Zornestränen ausbricht, weil seine geliebte Maria samt den ihr nachfolgenden Juden weniger ihn als den Verlust des teuren Verstorbenen vor Augen haben und die Totenklage wacker durchhalten würden, wenn er nicht Gegenmaßnahmen ergriffe (11,29–37). Die Spitze der Erzählpyramide, die zu beiden Seiten hin – zu dem um Jesus bangenden, den eigenen Tod fürchtenden Thomas und der über den Tod des Lazarus klagenden Maria – merklich abfällt, ist mit 11,20–28 erreicht. Da oben wird vom rechten Entgegenkommen Marthas in die Höhe des sich absichtlich ein wenig verspätenden Gottessohnes berichtet, während eine verzweifelte Maria ihm bloß jammernd und vorwurfsvoll zu Füßen fiel – ein gefundenes Fressen für Seelsorger.

Zeit und Ewigkeit

Die Begegnungsszenen mit Martha und Maria sind nach 11,17–19 als Rückblende gestaltet (vgl. 20,3.4ff.). Der Leser, der sich bereitwillig zum bethanischen Grabe mitführen ließ, wird an diesem Orte zu seiner eigenen Überraschung umgedreht (vgl. 20,14.16) und kann daher keinen Wettlauf gewinnen und als erster in die Höhle schauen. Das Grab bleibt vorerst geruchsicher verschlossen. Der Blick muß mit Martha hinan in die Höhe, wo die Jünger im Chore auffällig rar geworden sind. Wir halten uns vorsichtshalber auch noch ein wenig im Hintergrund und fragen derweil nach dem eigentümlichen Zeitverständnis des Evangelisten Johannes. Der hatte den Leser nämlich schon einmal an der Nase herumgeführt, und zwar in 11,2. Dort erinnerte er im Vergangenheitstempus an jene Maria, „die den Herrn mit Salbe gesalbt und seine Füße mit ihren Haaren getrocknet hatte", obwohl er diese Geschichte erst in 12,1ff. erzählen wird. In welchen Zeitstrudel sind wir geraten? Denn wenn wir uns mit 11,1–46 der Leserperspektive nach zwar vor, der Sache nach aber schon hinter der Salbung zum Tode befinden, wenn wir in der Rückblende nicht einfach nach hinten, sondern nach oben ausgerichtet werden, dann sind wir einer Zeitdimension konfrontiert, die jeweils vertikal zur irdischen Zeit liegt und diese bestimmt. Der Gesandte ist der Herr der Zeit, der aus der Fülle und der Dynamik seiner Zeit lebt und agiert. Wie er sich in der Welt an fremdem Orte aufhält, so auch in einer ihm von Hause aus fremden Zeit. Er vermag sich in der irdischen Zeit zu vergegenwärtigen, wann und wo er will, und kann in der Zeit mit der Zeit gehen. Es gibt aber keine Zeit, in der er einmal nicht die Auferstehung und das Leben war oder sein würde (1,30). Seine irdische Zeit ist Offenbarungszeit (1,31), weil er anders als unter den Bedingungen der irdischen Zeit nicht erkannt werden könnte. Dieser irdischen Zeit ist er jedoch nicht unterworfen oder ausgeliefert, er beherrscht sie vielmehr, um die Durchsicht und den Übergang in seine Zeit freizulegen.

Weitere Indizien weisen in dieselbe Richtung. Am ersten Tag erhält Jesus die Nachricht, daß Lazarus krank sei. Zur gleichen Zeit scheint Lazarus gestorben und mangels Kühlmöglichkeit rasch begraben worden zu sein. Jesu wunderbares Geistwissen durchschaut die irdischen Zeiten. Er weiß, was sich in Bethanien abspielt, denn sein Terminkalender stand lange vorher fest. Er wartet noch zwei Tage und kommt am vierten Tag in Bethanien an. Er kommt als der am dritten Tag Auferstandene, noch genauer, als „die Auferstehung" zum Leben, in die wir in der Rückblende umgedreht und nach oben mitgenommen werden. Als dieser Herr wird er handeln und sich und den Vater verherrlichen. Es gibt für Johannes keine reine Vergangenheit und keine reine Zukünftigkeit des Gesandten, so gewiß der als Mensch geboren, seinen Weg gegangen und gestorben ist. Laut seiner Offenbarung jedoch ist er unter diesem wie unter jenem Aspekt eben „die Auferstehung und das Leben". Das Tage-Schema dient also lediglich dazu, den in der Zeit handelnden Gottessohn erkennbar und vor allem wiedererkennbar zu machen.

Der zugängliche Ort

Bethanien, Jerusalem, das Höhlengrab – all dies sind vorstellbare Orte. Gleiches gilt für die handelnden Personen. Sie agieren in ihrer Zeit an ihrem Ort. Wo aber hält sich Jesus auf? Er ist bei seinen Jüngern und macht sie nach angemessener Frist mit seinem Plan bekannt. Auch die beiden Schwestern kennen seinen Ort. Er ist ihrer Botschaft zugänglich. Nach 10,40–42 hält sich Jesus am Ufer des Jordan in Peräa auf. Dort war er zum ersten Mal sichtbar gekommen. An diesem Ort kam (zum Zeichen für Johannes den Täufer) der Geist auf ihn herab, wurde das erste Bekenntnis laut (1,19–34; vgl. 1,51!). Dennoch bleibt sein Aufenthaltsort eigentümlich unbestimmt. Die für das Johannes-Evangelium so zentrale Frage nach Jesu wahrem Ort wurde schon im ersten (!) Jesus-Wort dieser Schrift artikuliert. Die Stationen seines Weges in der Welt sind nicht sein Ort. Seinen wahren Ort muß er den Jüngern erst zeigen (1,38f.; 20,17).

Entfernungen spielen für Jesus keine Rolle. Sein wunderbares Wissen erstreckt sich über viele Kilometer. Schon vor seiner Ankunft am Grabe will und kann er Leute zu sich bestellen. Martha hört und geht los. Erst sie richtet später der daheim im Trauerhause kleben gebliebenen Maria aus, auch sie möge seinem Ruf nach oben entgegenkommen. Will uns der Evangelist zum wahren Ort Jesu führen? Alles spricht dafür. Martha geht dem sie zu sich rufenden Herrn entgegen. Sie kommt mit einem Vorwurf zu ihm: „Herr, wärest du hier gewesen, mein Bruder wäre nicht gestorben!" Dieser Vorwurf wird von der Einsicht in die Gemeinschaft des Sohnes mit dem Vater überstrahlt. Martha ist nun gewiß, daß Gott ihm alles geben wird, worum er ihn bittet. Seine Bitte ist gar schon gewährt: „Dein Bruder wird auferstehen!“ In der letzten Szene folgt daher nur noch ein demonstratives Dankgebet, bevor Lazarus mit gewaltiger Stimme aus dem Grabe gebrüllt wird.

Wo aber kam Maria hin? Zweifellos, auch sie kam dorthin, wo Jesus war – sogar die Jerusalemer Trauergemeinde kam zufällig mit ihr dorthin! -, aber als sie ihn sah, fiel sie ihm zu Füßen. Mit den Worten Marthas tat auch sie ihm ihre Enttäuschung über sein unbegreifliches Fernbleiben kund. Doch seine Einheit mit dem Vater, in die sie gerufen wurde, sieht sie nicht. Sie bleibt in ihrer Trauer kleben und darum ungewiß. Die Füße Jesu, nicht sein Gesicht, sein irdisches Unten, nicht sein himmlisches Oben sind ihr Gegenüber.

Freund und Feind

Um zu Lazarus zu gelangen, muß sich Jesus noch einmal nach Judäa wagen. Seine Jünger fürchten, von „den Juden“ wieder mit Steinen empfangen zu werden, Rabbi Jesus aber plant seinen Tod selbst. Die Freunde der Nacht werden stolpern. Wie gewöhnlich hören die Jünger nur mit halbem Ohr. Sie raten, den Selbstheilungskräften des Patienten zu vertrauen und den Krankenbesuch zu verschieben. Der aber ist schon verschoben. Thomas sieht ihrer aller Untergang kommen, doch sein Orakel ist mangelhaft. Auf Bethaniens Friedhof wird noch nicht scharf geschossen, Martha kann außerdem heimlichtun. „Die Juden“, die zum Beileidsbesuch gekommen waren, sehen in Jesus ihresgleichen, manche sehen etwas mehr. Im Rückblick auf frühere Zeiten schwanken sie zwischen Bewunderung und Ablehnung. Die Heilung des Blindgeborenen 9,1ff. war vermutlich eine Eintagsfliege. Einige von ihnen werden am Ende selber im Dunkel gelandet sein und Jesus bei „den Pharisäern“ anschwärzen (11,46).

Die drei Geschwister sind auch „Juden“. In 11,5 wird gesagt, daß Jesus Martha, ihre Schwester und Lazarus „liebte“ (beachte die Umkehrung der Reihenfolge der genannten Personen im Vergleich mit 11,1!). Die Tränen Jesu dagegen läßt er „die Juden“ falsch deuten: „Seht, wie er ihn liebte!“ (11,36) Die vierte und letzte Einzelperson im Johannes-Evangelium ist der „Jünger, den Jesus liebte“ (13,23; 19,26; 20,2; 21,7.20). Sonst wird mit diesem Wort Jesu Verhältnis zur Jüngerschar beschrieben, ursprünglich jedoch das Verhältnis zwischen Vater und Sohn. Die Geliebten sind jene Menschen, die Jesus durch den Erweis seiner Herrlichkeit aus dem Finsterniskosmos zu sich ziehen und zu seinen Zeugen machen will. Sehen sie teilweise oder gänzlich von ihm ab, kann Jesus grimmig werden. So stehen die verschiedenen Personen und Personengruppen jeweils für gute, getrübte und verkehrte Sichtweisen exemplarisch Modell.

Mit Maria klagen „die Juden“ im Chor. Als Jesus wutentbrannt Auskunft verlangt, wo sie Lazarus hingelegt hätten, sprechen sie ihn als „Herrn“ (!) an und fordern ihn (!) zu kommen und zu sehen auf! Fassungslos über so viel Verkehrung bricht Jesus in bittere Tränen aus (vgl. Lk 19,41f.). Sie aber mißverstehen seine Tränen als Ausfluß herzlichen Mitgefühls. Einige von ihnen, die bei der Heilung des Blinden offenkundig umsonst anwesend waren, zweifeln demonstrativ an den Fähigkeiten Jesu. Das Maß ist voll, als Martha ihren Herrn, dem sie ein so löbliches Zeugnis ausgestellt hatte, mit der Nase darauf stoßen muß, daß Bruder Lazarus nicht mehr nach Veilchen riecht.

In Joh 11 spielen die agierenden Personen aus dramatischen Gründen ihre Rolle, worüber sie sich als literarische Figuren in aller Regel nicht beschweren können. Für den Evangelisten sind „die Juden“ keine homogene Masse und nicht an sich und als solche Jesu Feinde (11,45), auch wenn sie sich oft der Verstokkung zeihen oder sich noch schlimmere Vorwürfe gefallen lassen müssen (2,23–3,21; 8,31–59). Um sie wird gerungen oder nicht mehr gerungen. Nach der Vertreibung der johanneischen Gemeinde aus der Synagoge (9,22; 12,42; 16,2) und ihrem Gang ins Exil könnten dualistische und deterministische Tendenzen praktisch die Oberhand gewonnen haben. Man hatte sich am Ende nichts mehr zu sagen. Diesen tiefen Zwiespalt – ein wahrer Israelit sieht das Licht und glaubt an den, welcher ihn ersah (1,47.49f.)! – dokumentiert das Johannes-Evangelium auf Schritt und Tritt. Er spiegelt sich auch in unmittelbarer Umgebung der Ich-bin-Worte und in diesen selbst (6,36; 10,14; 15,5).

Maria und Thomas

Die beiden Szenen mit Maria und Thomas sind gegenübergestellt und laden zum Vergleich ein. Der Plan Jesu, noch einmal nach Judäa zu gehen, löst bei den Jüngern lähmendes Entsetzen aus. Seine zu ihrer Beruhigung gehaltene Lichtrede, die ihnen Einsicht in sein ungehindertes Tagewerk vermitteln soll, vermag sie nicht zu erreichen. Thomas spricht aus, was alle denken: in Judäa wartet der Tod. Unbegründet ist diese Sorge nicht. Schließlich war man den Steinwürfen „der Juden" bislang immer nur knapp entkommen (8,59; 10,31–33.39). Würden die Freunde in Bethanien nicht verstehen, wenn man vom Besuch diesmal Abstand nähme? Doch Jesus ist zum Aufbruch fest entschlossen. Nur widerwillig mag Thomas mitgehen. Er ahnt nicht, wie recht er mit seiner Befürchtung, wie unrecht aber mit seiner Gegenwehr hat. Denn am Ende dieses letzten Weges nach Judäa hat Jesus tatsächlich seinen Tod als Rückkehr zum Vater eingeplant.

Maria hatte von Jesus Hilfe erwartet, er aber war zu spät, der Tod war ihm zuvorgekommen. Thomas geht vor seiner Sorge vor dem Tod, Maria nach seinem Eintreffen in die Knie. Thomas möchte ihm ausweichen, Maria kann es nicht mehr. Der Verlust ihres Bruders läßt sie nicht los. Thomas bleibt in seiner Sorge kleben, Maria in ihrer Klage. Deshalb muß gehandelt werden. Es verdient Beachtung, wie Jesus handelt. Thomas wird nicht getadelt, Jesus fordert ihn nicht zum Glauben auf! Er verwandelt Thomas nicht in einen Draufgänger und läßt auch nicht Steine vom Himmel regnen über Jerusalem. Jesus nimmt ihn nur ins Schlepptau und läßt ihn nicht zurück. Alles weitere wird sich finden (20,24–29).

Maria muß warten, weil Jesus sein Kommen verzögerte. Aber anders als Maria denkt, sollte der Tod vor Jesus eintreffen. Als Jesus endlich kommt, kann auch sie ihn warten lassen. Erst Martha muß sie anstoßen. Nun steht Maria, im Gegensatz zu Thomas, sofort auf, um zu ihm zu gehen. Als sie seiner ansichtig wird, fällt sie ihm zu Füßen und klagt. Mit ihrem Kniefall fällt auch ihr Vorwurf in sich zusammen. Ist sie ihrem Herrn einen Schritt näher als Thomas? War sie da unten nicht schon einmal gewesen, hatte seine Füße gesalbt und sie mit ihren Haaren getrocknet?

Freilich, beide hören Jesu Ruf jetzt, wo es darauf ankäme, zwar verschieden, aber nicht unvermittelt aus seinem Mund. Sie sehen ihn verschwommen und kommen seinem Wort nur teilweise, aber nicht ungeteilt nach. Darum kann Thomas seinem Herrn nur zögernd und unwillig folgen, Maria hingegen kann nach einem freundlichen Klaps zwar sofort, aber nur klagend zu ihm kommen.

Ich-bin-Wort und Bekenntnis

Mit dem Ich-bin-Wort 11,25f. ist die Erwartung endzeitlicher Totenerweckung in die Unmittelbarkeit des jetzt aus der Todeswelt zu sich in die Höhe rufenden Herrn (= „Auferstehung“) gestellt (5,25f.). Die erwarteten Endereignisse finden im Handeln des Auferstandenen statt (3,18; 5,24f.), Vergangenheit und Zukunft fallen in seiner Gegenwart zusammen, Geschichte, Tod und Teufel sind entmachtet. Hört Martha diesen Ruf und kommt ihm entgegen, erblickt sie die Lebensgemeinschaft des Sohnes mit dem Vater, dann sieht sie deren Übereinstimmung im Wollen und Vollbringen von Herrlichkeit zu Herrlichkeit. Dieses Sehen würde das irdische Leben als Erhöhung aus der Vergänglichkeit ins ewige Leben völlig ausfüllen, wenn sich das Seufzen der Kreatur oder zu erleidende Anfeindungen nicht gelegentlich störend bemerkbar machten. Doch auch dies wird in Joh 11 konsequent beiseitegeschoben und in die Überlegenheit des Gesandten aufgelöst. Mitleid kennt dieser Jesus nicht. Ob Johannes eine Gemeinde vor Augen hat, die vor (Selbst-) Mitleid zerfließt und mehr an ihren Toten hängt als am Munde des Herrn (vgl. 1.Thess 4,13–18; Mt

8,21f.)? „Lieben“ hat im Johannes-Evangelium mit solidarischem Leiden nichts und mit kreativer Weltveränderung nur in vertikaler Ausrichtung etwas zu tun. Gott hat die Welt „geliebt“, indem er seinen Sohn gab (3,16). Der ruft zu sich in die Höhe und steht allen Glaubenden auf dem Weg ihrer Entweltlichung zum ewigen Leben bei. Der Tod ist entmachtet, weil Jesus auf seinem Herrlichkeitsweg zum Vater siegend durch ihn hindurchgeschritten ist. Nach seinem Aufstieg zum Vater ist sein Beistand durch das Kommen des Parakleten für immer gewährleistet. Ausschließlich auf Jesus als den Herrn hinzuweisen – dies ist der Beitrag des vierten Evangeliums zur Verantwortung der Christen in der Welt.

„Wer an mich glaubt, wird leben, auch wenn er stürbe. Denn jeder, der lebt und an mich glaubt, wird gewiß nicht sterben in Ewigkeit.“ – Beide Sätze sind nicht als Entscheidungsruf, sondern als entschiedene Feststellung zu hören, wobei das unbestimmte „wer“ durch ein „jeder, der“ zusätzlich untermauert wird. Wer den Ruf des gegenwärtig handelnden Herrn zu sich nach oben hört und ihm Folge leistet, wer ihn in seiner Lebens- und Tatgemeinschaft mit dem Vater erkennt und anerkennt – der wird leben, auch wenn er stürbe. Die Verben „leben“ und „sterben“ sind in beiden Sätzen doppelsinnig gebraucht. Im ersten bezeichnet „sterben“ den irdischen Tod und „leben“ das ewige Leben, im zweiten, parallel gebauten Satz meint „leben“ das irdische und „nicht sterben“ das ewige Leben. Wird die offenbare Herrlichkeit Jesu gesehen und ihm geglaubt, dann ragt das ewige ins irdische Leben und das irdische ins ewige Leben hinein. Oder anders ausgedrückt, weil Jesus der Herr ist, darum hat, wer glaubt, das Leben, auch wenn er stürbe. Nach diesem Hintergrundwissen hat sich Freund Lazarus tatsächlich nur ein wenig schlafen gelegt, obwohl er irdisch gestorben ist. Seine Krankheit führt nicht (wie bei jenem, der nicht glaubt) zum Sterben in den eigenen Sünden (8,24), sie muß der Verherrlichung des Gesandten dienen.

Auf die Frage, ob Martha seinen Worten glaube, antwortet sie im Perfekt (vgl. 6,69): „Du bist der Christus, der Sohn Gottes, der in die Welt gekommen ist!“ In der Doppeltitulatur spricht Martha exemplarisch das Bekenntnis der Gemeinde aus, wer sie nach oben gerufen und von Angesicht zu Angesicht aufgehellt hat. So präsentiert sich auch Marthas Bekenntnis unter stillschweigender Korrektur ihrer zuvor geäußerten Hoffnung auf die Auferstehung am letzten Tag in einer dem Ich-bin-Wort analogen Gleichzeitigkeit. Dem Ruf Jesu in die Höhe entgegenkommend, sieht Martha den Sohn des Vaters. So gelangt sie zur Erkenntnis, daß Gott ihm keine Bitte, schon gar nicht die Bitte für seine Geliebten in der Welt, abschlagen wird. Jesus muß ihr nur noch zu verstehen geben, daß sie in seiner Person den vor sich habe, der in die Welt gesandt sei, um sich die ihm gewährte Bitte selber zu erfüllen.

Auferstehung am Ostermontag

Die letzte Szene 11,38–46 wird damit eingeleitet, daß Jesu Grimm sich nunmehr gegen seinen Erzfeind richtet. Gewaltig kommt Jesus zum Grabe. Mit dem ersten Befehlswort, das als grober Verstoß gegen die Friedhofsordnung (Liegezeiten) aufgefaßt werden muß, verschafft er sich freien Zutritt zum Grabesinnern (11,39). Sein zweiter Befehl weckt Lazarus auf und läßt ihn selbständig aus dem Grabe kommen (11,43). Der dritte Befehl soll Lazarus volle Bewegungsfreiheit verschaffen und ihm freies Geleit sichern (11,44). Während der zweite Befehl Lazarus direkt und unmittelbar angeht, gilt der erste und dritte den Leuten. Sie sollen den Stein vom Grabe entfernen, Lazarus von den Totenbinden befreien und ihn unbehelligt seiner Wege ziehen lassen. Alles, was mit der von ihnen vollzogenen Bestattung ihres Mitmenschen zusammenhängt, haben sie – in auffälligem Kontrast zu 20,5–7 – selber rückgängig zu machen.

Ausgerechnet Martha fällt Jesus mit einer Warnung in den Arm (11,39). Um gewissen Düften zu entgehen, scheint es ihr geraten, von der Lüftung des Grabes Abstand zu nehmen und die Auferweckung des Bruders lieber auf später (11,24?) zu verschieben. Inzwischen davonlaufen kann Lazarus nicht – oder? Sich über Jesus unterhalten, ist eines, sich im Todesgeruch an Jesus halten, ein anderes. Bekenntnistheorie und Bekenntnispraxis sind häufig eben zwei sehr verschiedene Stiefel.

Martha soll sich jedoch nicht an ihre Nase, sondern an Jesus halten, und der naseweise Leser, 11,20–28 memorierend, auch.

Gewiß, das Herauskommen des mit Binden umwickelten und mit einem Schweißtuch verhüllten Lazarus aus dem Grabe ist womöglich noch haarsträubender und nichts für schwache Nerven. Ebenso das von keinerlei Technik verstärkte Gebrüll, dem sich der Tote in seiner wohlverdienten Friedhofsruhe nicht entziehen kann. Dabei handelt es sich aber doch nur um die Manifestation der Wortgewalt dessen, der Lazarus zwar noch nicht in die Ewigkeit, aber in die irdische Jesusgemeinschaft zurückruft.

Was für ein Gespenst kommt aus dem Grab heraus?

Antwort: Lazarus kommt heraus. Nicht mehr und nicht weniger. Aber mit einem noch verhüllten Leib. An diesem Punkt wird die Erzählung mit der Aufforderung Jesu „Macht ihn frei und laßt ihn gehen!“ überraschend abgebrochen. Nur die durch Jesus ausgelösten Folgen sind noch wichtig. Wir bekommen den entwickelten Lazarus nicht vor Augen gemalt. Er eilt nicht zum Interview und erfreut sich keines selbständigen Interesses – von der allzu irdischen Sensationslust „vieler Juden“ (12,9) einmal abgesehen! Nicht einmal die den Braten riechenden Übeltäter wollen ihre Zeit darauf verschwenden, Lazarus einer eingehenderen Untersuchung zu unterziehen (12,10f.). Das war auf dieser Veranstaltung auch von Anfang an nicht geplant. Lazarus ist nur wieder da, er hat den ihm geltenden Ruf Jesu gehört und ihm, wie es sich gehört, Folge geleistet (5,25). Ohne Groll liegt er mit Jesus zu Tisch (12,1f.), um sich von seiner wortlosen, ein wenig anstrengenden Nebenrolle auszuruhen.

E: Schöne Aussichten

„Hades antwortete: Erbe der Finsternis, Sohn des Verderbens, Teufel, soeben hast du mir gesagt, er habe viele, die du zum Begrabenwerden reif machtest, durch bloßes Wort wieder ins Leben zurückgerufen. Wenn er also andere vom Grabe befreite, wie und mit welcher Macht wird er da von uns überwältigt werden können? Ich verschlang vor kurzem einen Toten mit Namen Lazarus, und bald danach riß mir einer der Lebenden durch bloßes Wort, mich vergewaltigend, diesen aus meinen Eingeweiden. Ich nehme an, es ist der gleiche, von dem du sprichst. Wenn wir nun jenen hier aufnehmen, dann setzen wir, fürchte ich, auch die übrigen aufs Spiel. Denn, schau, ich sehe, wie alle, die ich von Weltbeginn an verschlang, in Unruhe geraten. Ich habe Bauchgrimmen. Der mir vorweg entrissene Lazarus dünkt mich kein gutes Vorzeichen. Denn nicht wie ein Toter, wie ein Adler flog er von mir weg. So schnell warf ihn die Erde hinaus. Deshalb beschwöre ich dich bei allem, was dir und mir wert ist, bring ihn nicht her! Denn ich glaube, er kommt mit der Absicht hierher, alle Toten aufzuwecken. Und das sage ich dir: Wahrlich, bei dem Dunkel, das uns umgibt, bringst du ihn her, wird mir keiner der Toten übrigbleiben.“[5]

5 siehe Quellennachweis

F: Lazarus gut bürgerlich

Es war aber ein Kranker,
Lazarus,
der wohnte in Bethanien
mit seinen beiden Schwestern
Maria und Martha.
Die sandten zu ihm
und ließen ihm ausrichten:
„Lieber Jesus,
dein bester Freund
hat einen schweren Herzinfarkt erlitten
und liegt in unserer kleinen Privatklinik
auf der Intensivstation.
Mach dir bitte keine Sorgen,
alles Menschenmögliche wird getan!“
Als Jesus die Nachricht erhalten hatte,
sagte er:
„Der arme Lazarus!
Wie oft habe ich ihm empfohlen,
er solle besser auf sich achtgeben,
sich den Streß in der Firma vom Leibe halten,
fettarme Kost zu sich nehmen,
sein Junggesellendasein endlich aufgeben
und nicht so viel rauchen!
Doch diese Krankheit ist nicht zum Tode!“
Als Jesus das gesagt hatte,
erbat er sich von seinem Arbeitgeber Diensturlaub,
um auf schnellstem Wege nach Bethanien zu fahren.
Die Genehmigung ließ zwei Tage auf sich warten.

Erst danach spricht er zu seinen Leuten:
„Habt ihr Lust auf eine Bildungsreise nach Bethanien?“
Sie antworteten:
„Guter Gott, Bethanien!
Wir wollten mit unseren Familien
ans Tote Meer baden fahren.

Die Autobahn nach Jerusalem
wird voll sein. Das ist so sicher
wie das Amen in der Kirche.
Du riskierst, im Stau stecken zu bleiben!“
Jesus antwortete:
„Hat der Tag nicht zwölf Stunden?
Wir werden schon durchkommen!“
Dies sagte er,
und danach spricht er zu ihnen:
„Lazarus,
unser alter Freund,
liegt auf der Intensivstation.
Ich aber fahre zu ihm!“
Da sagten sie:
„Mensch,
wenn er auf der Intensivstation liegt,
lassen sie dich sowieso nicht zu ihm herein!
Komm lieber mit ans Tote Meer,
ein bißchen Entspannung täte uns allen gut!“
Doch dann sagte Jesus frei heraus:
„Ich habe so ein Gefühl,
Lazarus ist gestorben.
Da bin ich erst recht vonnöten.
Wohlan, laßt uns aufbrechen!“
Thomas,
den man 'Zwilling' nennt,
sagte zu den anderen:
„Immer setzt der seinen Willen durch!
Also schön, laßt uns mit ihm fahren
und den Tag im Stau verbringen!“

Bei seiner Ankunft nun
fand Jesus Lazarus schon vier Tage tot.
Für Ortsunkundige:
Bethanien liegt nahe bei Jerusalem,
mit dem Tiger im Tank ein Katzensprung.
Freunde waren zu Martha und Maria gekommen,
um sie ihres Bruders wegen abzulenken.

Als Martha den Anruf bekam,
daß Jesus seit Stunden festsitze,
nahm sie einen Proviantkorb
und fuhr ihm mit ihrem Motorrad entgegen.
Maria aber blieb zu Hause,
um mit den Jerusalemern Trauerarbeit zu leisten.
Da sagte Martha zu Jesus:
„Herr,
schade, daß du nicht da warst!
Wärest du rechtzeitig hier gewesen,
mein Bruder wäre in deinen Armen gestorben.
Er hatte dir noch so viel zu sagen.
Doch nun weiß ich,
daß er dir ewig unvergessen bleibt."
Spricht Jesus zu ihr:
„Dein Bruder wird leben!"
Spricht Martha zu ihm:
„Ich weiß,
er ist von seinen Leiden erlöst."
Jesus sagte zu ihr:
„Ich bin die Auferstehung zum Leben.
Wer an mich glaubt,
wird leben,
auch wenn er stürbe!"
Spricht sie zu ihm:
„Ja, Herr!
Das hast du lieb gesagt.
Wo die Liebe weint,
tröstet der Glaube.
Tut der Abschied auch weh,
so ist es sicher das beste für ihn.
Aber nun stärkt euch bitte,
ich sage inzwischen Maria Bescheid!"
Als sie dies gesagt hatte,
brauste sie davon
und rief ihre Schwester Maria.

Als aber jene hörte,
daß Jesus kurz vor der Ausfahrt stehe,
stand sie sofort auf
und ging zu ihm.
Wie nun die Trauergäste,
die mit ihr im Hause waren,
um ihr beizustehen,
Maria rasch aufstehen
und hinausgehen sahen,
folgten sie ihr.
Als Maria dorthin kam,
wo Jesus war,
sagte sie zu ihm:
„Lieber,
schade, daß du nicht da warst!
Trotzdem, es war eine schöne
Beerdigung. Und so feierlich:
die tröstlichen Worte des Pfarrers,
seine einfühlsame Schilderung
des Lebensweges unseres
viel zu früh von uns Gegangenen,
der stille Händedruck,
das Blumenmeer ...
All das hat mich tief berührt."
Doch ehe Jesus etwas erwidern konnte,
brach sie zusammen und klagte:
„Wäre doch mein Bruder nicht gestorben!
Ich bin völlig am Ende. Vergeblich
suchen wir sein Testament. Seine Papiere,
du weißt ja, wie Lazarus war,
sind leider auch nicht beieinander!
Mein Gott, kannst du dir vorstellen,
was eine Beerdigung heutzutage kostet?
Und dann der Ärger mit der Grabstelle!
Martha sagt, du kennst dich im Leben aus.
Auch mit Lebensversicherungen?
Da könnten wir deine Hilfe brauchen.
Außerdem überlegen wir,

was auf dem Grabstein stehen soll.
Martha findet
‚Die Liebe höret nimmer auf' gut,
mir wäre, ehrlich gesagt,
‚Verlorenes Glück' oder
‚Ruhe sanft!' lieber.
Du kennst dich doch in der Bibel aus!"
Als Jesus sah,
wie sie klagte
und die mit ihr gekommenen Leute klagten,
ergrimmte er im Geist, erregte sich
und sagte:
„Wo habt ihr ihn hingelegt?"
Sprechen sie zu ihm:
„Herr,
komm
und sieh!"
Nachdem Jesus dem Kofferraum eine Rose
entnommen und Thomas Zündschlüssel
und Zulassung anvertraut hatte,
ging er weinend mit ihnen.
Da sagten sie:
„Sieh,
wie er ihn liebte!"
Einige aber sagten:
„Konnte dieser,
der einen so teuren Schlitten fährt,
sich keinen Kranz leisten?"

Da kommt Jesus
zum Grabe.
Es war aber ein Höhlengrab,
auf dem ein Stein lag.
Spricht Jesus:
„Kann ich Lazarus noch einmal sehen?"
Spricht zu ihm Martha,
die Schwester des Verstorbenen:

„Herr,
er stinkt schon.
Er ist doch schon vier Tage tot!“
Spricht Jesus zu ihr:
„Habe ich dir nicht gesagt:
Ich bin die Auferstehung zum Leben.
Wer an mich glaubt,
wird leben,
auch wenn er stürbe!?“
Antwortet Martha:
„Ich glaube,
das hast du gesagt.“
Da hoben sie den Stein weg.
Jesus aber erhob seine Augen
und sagte:
„O Gott,
ich danke dir,
daß du mich erhört hast!
Aber ich weiß nicht recht,
ob alle zufrieden sein werden,
wenn Lazarus wieder lebt.
Da wird noch viel Arbeit
auf uns zukommen.“
Als er dies gesagt hatte,
brüllte er mit gewaltiger Stimme:
„Lazarus,
komm heraus!“
Da kam der Tote heraus
mit Totenhemd und Lackschuhen an den Füßen.
Spricht Jesus zu ihnen:
„Gönnt ihm eine frische Rasur und laßt ihn gehen!“
Lazarus blinzelte ein wenig
und sagte:
„Dankeschön,
aber das wäre doch nicht nötig gewesen!
Hat jemand eine Zigarette?“

G: Lied

Herr, vom Ufer her
dringt dein Ruf herüber,
aus dem trüben Meer
birgst du deine Brüder.
Wie du uns erkannt,
öffne Aug' und Ohren!
Hoffnung wird geboren,
du ziehst uns an Land.

Unglaublich der Fang,
Netz konnt' keiner heben.
Ans Land Petrus sprang,
um Hand anzulegen.
Zog uns nach sich all',
selber doch gezogen,
wir entflohn den Wogen,
und das Netz war prall.

Dort an Land fand sich
schon das Mahl bereitet,
g'nug für dich und mich
vor uns ausgebreitet.
Und wir langten zu,
teilten mit Gefangnen,
deren Los vergangen
im gehaltnen Du.

Frischen Mut, ihr Leut,
Nacht hat sich verkrochen.
Christi Tag ist heut,
längst schon angebrochen.
Seinen Siegeszug
helft mit anzuzeigen!
Wir sind dem zu eigen,
der das Kreuz ertrug.

T: nach Joh 21,1–14; M: Dieter Trautwein (1978), EG 170

Der Weg, die Wahrheit und das Leben

JOHANNES 13,31–14,7

Ich bin der Weg, die Wahrheit und das Leben.

Niemand kommt zum Vater,
denn durch mich.

Kenntet ihr mich,
würdet ihr auch meinen Vater kennen.
Von jetzt an kennt ihr ihn,
ihr habt (mich) gesehen.

31 Als Judas hinausgegangen war,
spricht Jesus:
„Jetzt wurde der Menschensohn verherrlicht:
Gott wurde (hat sich) verherrlicht in ihm.
32 Da Gott in ihm verherrlicht wurde,
wird Gott ihn auch in sich verherrlichen,
bald wird er ihn verherrlichen.
33 Kinder,
nur noch kurze Zeit bin ich bei euch.
Ihr werdet mich suchen –
und wie ich zu den Juden sagte,
so sage ich jetzt auch euch:
Wohin ich gehe,
dorthin könnt ihr nicht kommen.

34 Ein neues Gebot gebe ich euch,
daß ihr einander liebt.
Wie ich euch geliebt habe,
sollt auch ihr einander lieben.
35 Daran werden alle erkennen,
daß ihr meine Jünger seid,
wenn ihr Liebe habt füreinander."

36 Spricht Simon Petrus zu ihm:
„Herr, wohin gehst du?"
Jesus antwortete:
„Wohin ich gehe, kannst du mir jetzt nicht folgen;
du wirst mir aber später folgen."
37 Spricht Petrus zu ihm:
„Herr, warum kann ich dir gerade jetzt nicht folgen?
Mein Leben würde ich für dich einsetzen."
38 Jesus antwortete ihm:
„Du willst dein Leben für mich einsetzen?
Amen, Amen, ich sage dir:
Ehe der Hahn kräht, wirst du mich dreimal verleugnen.

1 Euer Herz erschrecke nicht!
Glaubt an Gott,
an mich glaubt!
2 Im Haus meines Vaters sind viele Wohnungen.
Wenn aber nicht,
würde ich euch dann sagen:
Ich gehe, euch die Stätte zu bereiten?
3 Da ich also gehe, euch die Stätte zu bereiten,
will ich doch wiederkommen und euch zu mir nehmen,
damit ihr seid, wo ich bin.
4 Also: Wohin ich gehe – ihr kennt den Weg!"

5 Spricht Thomas zu ihm:
„Herr, wir wissen nicht, wo du hingehst;
wie können wir den Weg wissen?"
6 Spricht Jesus zu ihm:
„Ich bin der Weg, die Wahrheit und das Leben.
Niemand kommt zum Vater, denn durch mich.
7 Kenntet ihr mich, würdet ihr auch meinen Vater kennen.
Von jetzt an kennt ihr ihn, ihr habt (mich) gesehen."

B: Kommentar

In Anlehnung an das beliebte Muster des literarischen Testaments hat der Evangelist Jesu „Abschiedsrede" gestaltet (13, 31–14,31). Wie die zweite Hälfte des Textes gliedert sich auch die erste in drei Abschnitte. Auf die Einleitung 13,31–35 folgen Gespräche mit Petrus 13,36–14,4 und 14,5–7 mit Thomas. Diese Textteile sind so miteinander verklammert, daß immer ein einen Abschnitt schließendes Jesuswort Ausgangspunkt einer Jüngerfrage, eines Kurzdialoges wird. Dabei vertreten die vier mit Namen genannten Jünger jeweils die ganze Gemeinde. Jesus führt keine Privatgespräche mit ihnen. Jeder Dialog weitet sich zu einer Mitteilung an alle.

Die erste Jüngerfrage bezieht sich auf 13,33, nicht aber auf 13,34f. Beide Verse fallen aus dem Rahmen und könnten mit 14,14f. Nachtrag im Sinne von 15,9–17 sein. Auch inhaltlich geht die Rede andere Wege (14,12.21). Nach 13,34f. sollen die Jünger einander lieben. So leben sie ihrer Erwählung entsprechend (vgl. 15,16.19) als Zeugen Jesu Christi in der Welt. 13,34f. könnte als Pendant zu 14,31 gedacht sein.

Nach dem Weggang des Judas beginnt Jesus die Rede über seine Erhöhung mit einer triumphalen Doxologie (13,31f.), um im Anschluß die Konsequenzen für die Jünger aufzuzeigen (13,33; vgl. 7,33–36; 8,21–24). Sie besteht aus vier Zeilen (13,32a ist textgeschichtlich unsicher). Die Innenglieder spannen den ganzen Christus-Weg auf: im Rückblick unter dem Aspekt der Erfüllung seines Auftrags, im Vorblick unter dem Aspekt seines künftigen Wirkens. Die Außenglieder mit den betont gesetzten Zeitadverbien markieren die eingetretene, von Judas (!) eingeläutete, eschatologische „Stunde Jesu“. Die nachträglich vorgeschaltete Begründung 13,32a bekräftigt das in 13,32b wohl schon angelegte logische Futur. Jesus ist am Wendepunkt: im Vollzug der Selbstverkündigung des gar bei den schon Glaubenden noch und noch auf Befremden und Ablehnung gestoßenen Sohnes als Menschensohn (6,60ff.; 8,31ff.) hat sich der Vater verherrlicht und seine Werke getan (14,10f.). In der nunmehr angebrochenen Todesstunde Jesu, die vom kommenden Alsbald bereits bestimmt und getragen ist, hebt die Verherrlichung des Menschensohnes in Gott, sein Aufstieg bzw. seine Erhöhung zum Vater an (vgl. 12,23.27–36), wobei ihm kein Mensch folgen kann. In Zukunft wird der in Gott verherrlichte Menschensohn, der durch seinen Tod, das Gericht, „den Herrscher dieser Welt“ hinausgeworfen haben wird (vgl. 12,31f.; 14,30), den Vater „verherrlichen“ (14,13.16–20.26; 12,32). Interessanterweise erscheint das Verb erst ab 7,39 (8,54; 11,4; 12,16.23.28; 17,1.4f.), taucht ab 18,1ff. in christologischem Gebrauch aber nicht mehr auf (vgl. 21,19).

Der erste Dialog zwischen Petrus und Jesus 13,36–38 will vor der nur als peinlich zu bezeichnenden Selbstüberschätzung warnen, als könne der Ritter von der Tafelrunde Jesu unter Einsatz seines Lebens gleichzeitig mit seinem Herrn den Jordan überschreiten, um dorthin zu gelangen, wo er hingeht. Kreuzwegpilger, Evangelikale, Mystiker und die übrigen Exemplare geistlicher Hochstapelei können sich ihre nassen Füße höchstens selbst verbergen. Um dieser Erkenntnis zu entrinnen, mag es kaum geraten sein, alle Hähne umzubringen. Das künftige Leben bei Christus 13,36 wird, wie 14,1ff. zeigt, seine Möglichkeit, nur durch ihn, durch ihn aber wirklich, auch ihre (spätere!) Möglichkeit sein, nicht aber Folge einer bestimmten christlichen Praxis oder einer tiefempfundenen Christusfreundschaft.

Nach 14,2f. dient Jesu Rückkehr zum Vater der Präparation der künftigen Bleibe. Erst dann wird er kommen, um die Zurückgebliebenen, die er vorläufig auf der Erde braucht, zu sich zu nehmen. Die Zeit zwischen den Zeiten wird für sie keine verlorene oder einsame Zeit, sondern die Zeit ihrer Heiligung, ihres Dienstes in der Gegenwart des für immer bei ihnen bleibenden Parakleten sein (14,12f.16–20.23). Die nächsten Parallelen zur Vorstellung von den Wohnungen im Vaterhaus finden sich in der jüdischen Apokalyptik (1. Hen 39,4–8 u.a.), die die Ausdrucksmöglichkeiten christlicher Hoffnung nachhaltig geprägt hat (2.Kor 5,1–10; Phil 3,20f.; 1.Thess 4,13–18; Lk 16,9). Bemerkenswert die Bildaussage, daß das Haus des Vaters nicht etwa nur elf, sondern viele Wohnungen habe, und daß man dort nicht privat, etwa als zurückgezogen lebender Mieter, sondern in einem Haus bei Gott wohnen werde. Hat man sich die Herrichtung der Wohnungen als Entrümpelung oder Renovierung eines bisher verwaisten Hauses zu denken? Der Evangelist verzichtet auf Spekulationen dieser Art und legt alles Gewicht darauf, daß Jesus die Jünger nicht belügt, sondern ihnen sein Wort gibt, an das sie sich halten dürfen. Es genügt, daß sie den Weg in sein Wohin kennen (14,4).

Damit ist das Stichwort für den Auftritt des mit natürlicher Agnostikeritis gesegneten Thomas gefallen, welcher, die Botschaft wohl vernehmend, zugibt, daß er nicht klarsieht. Das Ziel ist ihm verborgen, der Weg unbekannt. Im Gegensatz zu den Verlautbarungen apokalyptischer Himmelstouristen wollte Jesus den Jüngern 14,2f. aber keine von ihm selbst absehenden Hoffnungen machen. Er wollte sie vielmehr ermutigen, sich trotz, nein, wegen seines Fortganges auf ihn zu verlassen

(14,1). Denn auf ihn, nicht auf das, was die Thomas-guck-in-die-Luft-Gemeinde sieht oder nicht sieht, wird es ankommen.

Gegen alle Gewohnheit ist die Ich-bin-Aussage dreiteilig. Die erste Feststellung 14,6b erläutert den Sinn des „Weg“-Wortes, der Konditionalsatz 14,7a und die zweite Feststellung 14,7b erinnern seine „Wahrheit“ (vgl. 4,23f.; 5,33; 8,32.40.44–47; 14,17; 18,37). Jesus Christus selber ist die Offenbarung, die eine ganze Wahrheit Gottes, so daß wer ihn kennte, auch seinen Vater kennen würde. Damit werden sich die Folgeabschnitte 14,8–21 (vgl. 8,18f.) und 14,22–26 ausführlicher befassen.

Das Bildwort, „Ich bin der Weg“, wird auf folgende Weise zum Leuchten gebracht. Wie niemand zu Jesus kommen und an ihn glauben kann – außer durch den Vater (6,29.37.39), so kann auch niemand zum Vater kommen – außer durch ihn (14,6b)! Der Weg (14,6a), den er bis zu seiner Wiederkunft beschreitet (14,2f.), ist er selber. In dieser übergreifenden Perspektive ist er jederzeit der Wegbereiter, so daß sich die Gemeinde weder mit imaginären Zielen noch mit Grübeleien darüber, wo sich ihr Herr befinden oder nicht befinden mag, aufhalten muß. Hält er sich an sie und sie sich an ihn, ist sie immer auf dem richtigen Weg! Sie kann sich an ihn halten, da sie ihn als wahren Wegbereiter kennt. Jesus verschwindet nicht in unbekannte Gefilde, geht auch nicht in Rente, er geht zu dem, der sich an ihm im Fleisch verherrlicht hat. Wer ihn gesehen hat, hat den Vater gesehen. Er würde ihn gar nicht kennen, wenn er den Vater nicht schon erkannt hätte (14,7.9–11).

C: Predigt

Judas ist vom Tisch aufgestanden und in die Nacht hinausgegangen. Nur noch kurze Zeit, dann wird auch Jesus hinausgehen. Doch statt zornig, enttäuscht oder besorgt zu sein, stimmt er sein Lied an: „Jetzt wurde der Menschensohn verherrlicht: Gott wurde (hat sich) verherrlicht in ihm. Da Gott in ihm verherrlicht wurde, wird Gott ihn auch in sich verherrlichen, bald wird er ihn verherrlichen."

Wer versteht, was hier gesagt wird? Einer aus seinem engsten Jüngerkreise stolpert durch die Nacht, um die Hunde zu wecken und sie auf die Fährte zu setzen. Draußen braut sich Unheil zusammen, das Jesus zu Tode treffen und deshalb auch seine Jünger betreffen wird. Drinnen aber wird gesungen, wie nur einer singen kann, der für Gott frei ist und außer ihm nichts fürchtet. Der kann den Weg antreten, der gegangen werden muß, ja, dem muß nun auch ein Judas zum Besten dienen. Der kann hinkommen, wo wir sind, sich hingeben und sterben, ohne daß der Tod ihn festhalten, ihm auch nur ein einziges Haar krümmen kann. Offenbar ist das nur dem möglich, in dessen Kommen zur Welt sich Gott selbst verherrlicht und als der allein rechtmäßige Herr erwiesen hat. Was heißt das?

Zunächst einfach dies, daß ein anderer Herr als dieser nicht nicht den Weg ans Kreuz antreten und für seine Feinde das Leben erringen könnte. Jeder andere würde hier versagen.

Seinen Jüngern will das nicht in den Kopf. Für sie stellt sich die Sache anders dar. Sie denken, Jesus läßt sie im Stich. Sie haben Grund, solches zu denken, denn in ihr Leben wird er nicht zurückkehren, jedenfalls nicht so, wie sie ihn in diesem Moment noch vor Augen haben: „Kinder, nur noch kurze Zeit bin ich bei euch. Ihr werdet mich suchen – und wie ich zu den Juden sagte, so sage ich jetzt auch euch: Wohin ich gehe, dorthin könnt ihr nicht kommen."

Auf die Frage, wohin Jesus gehe, bekommt Petrus zur Antwort, daß er ihm nicht folgen kann. Er wird später folgen. Jetzt aber – ausgeschlossen! Petrus läßt nicht locker. Er möchte seinen Freund unter allen Umständen begleiten und ist fest entschlossen, den höchsten Preis dafür zu bezahlen. Wenn es sein muß, will er sein Leben für ihn einsetzen: Uns soll der Tod nicht scheiden! Ausgerechnet Petrus, der Felsen, muß sich sagen lassen, daß er weich werden, Abstand nehmen, sich von Jesus unterscheiden und scheiden wird: „Amen, Amen, ich sage dir, ehe der Hahn kräht, wirst du mich dreimal verleugnen." Sein Leben will er für Jesus einsetzen? Petrus überschätzt seine Möglichkeiten. Was er nicht kann, soll er nicht können wollen.

Er soll sich lieber auf die Möglichkeiten seines Herrn verlassen. Sie alle miteinander sollen sich auf ihn verlassen.

Wie können sie sich auf ihn verlassen, da doch er sie jetzt verläßt? Jesus spricht ihnen Mut zu: „Euer Herz erschrecke nicht! Glaubt an Gott, an mich glaubt!" Dann spricht er vom Haus seines Vaters, in dem viele Wohnungen sind. Er redet davon, daß er ihnen die Stätte bereiten gehe und wiederkommen will, um sie zu sich zu nehmen, damit sie bei und mit ihm leben. Sie haben sein Wort. Sie wissen, wohin er geht, sie kennen den Weg.

Kennen sie ihn wirklich? War Petrus nicht der felsenfesten Überzeugung, den Weg Jesu zu kennen und sogar mitgehen zu können? Sein Leben wollte er für ihn geben. Was weiß man von einem Weg, den niemand außer ihm gehen, einem Ziel, das man selbst niemals erreichen kann? Was hat man, von Jesu Wort abgesehen, eigentlich in der Hand?

Thomas kommt zu Wort. Der stellt nicht die Frage, wo Jesus hingeht, und ob er ihm folgen kann. Thomas stellt nur eben für alle fest, daß er Gott nicht sieht und den Weg nicht weiß. Und wenn man ihm das Haus mit den vielen Wohnungen in allen Einzelheiten und den herrlichsten Farben ausmalte, wenn man ihm das ewige Leben noch so schmackhaft machte, so bliebe es doch dabei, daß er es beim besten Willen nicht sehen und also den Weg nicht wissen kann. Mögen alle anderen damit etwas anfangen, sich etwas darunter vorstellen können, er kann es nicht. Für ihn sind das leere Worte.

Thomas – der Mann ist uns sofort sympathisch. Kämpfernaturen und Draufgänger wie Petrus haben eher Seltenheitswert. Sie finden auch mehr oder weniger Bewunderung – aber nicht bei Christus! Wie dagegen steht es mit Thomas? Der lehnt sich nicht so weit aus dem Fenster heraus, um auf die Gefahr seines Absturzes hingewiesen zu werden. Thomas hält sich an seinen gesunden Menschenverstand. Was er nicht sieht, sieht er eben nicht. Was er nicht weiß, macht ihn nicht heiß. So einfach ist das.

Ach, Thomas, ist dir denn noch nie der Gedanke gekommen, daß du das Pferd beim Schwanze aufzäumst! Da siehst du an mir vorbei, starrst Löcher in die Luft und wunderst dich noch, daß du nicht siehst. Da hörst du an mir vorbei in den Wind und bist verblüfft, daß du nicht hörst. Mach die Augen auf, hör mich an: „Ich bin der Weg, die Wahrheit und das Leben. Niemand kommt zum Vater, denn durch mich. – Kenntet ihr mich, würdet ihr auch meinen Vater kennen. Von jetzt an kennt ihr ihn, ihr habt (mich) gesehen."

Was für eine Antwort! Hatten nicht auch wir im Stillen damit gerechnet, daß Jesus Thomas auffordern würde, er müsse glauben? Doch diesen Gefallen tut uns Jesus nicht. Er hatte eingangs alle dazu eingeladen, ihm zu glauben, jetzt wiederholt er sich nicht. Thomas wird gebeten, seine Augen aufzumachen und Jesus, der vor ihm steht und mit ihm redet, anzuschauen. Dies hat er dringend nötig, denn Thomas sieht den Wald vor lauter Bäumen nicht. Wenn jemand wie Thomas den Wald vor lauter Bäumen nicht sieht und darum nicht weiterweiß, wäre es eine bodenlose Gemeinheit, ihn zum Glauben zu drängen. Zu welchem Glauben denn? Etwa zu dem törichten Glauben, den Wald vor lauter Bäumen nicht zu sehen?

Aber, wie gesagt, so handelt Jesus nicht. Er stellt sich dem Thomas-guck-in-die-Luft selbst vor Augen und spricht zu ihm: „Ich bin der Weg, die Wahrheit und das Leben." Sieh mich an! Höre nicht dein, höre mein Wort: Ich gehe, die Stätte zu bereiten, und werde zu euch kommen. Ich werde für immer an und in euch allen sein und werde euch zu mir nehmen: Ich selber bin der Weg, ich bin euer Wegbereiter. Ich mache euch den Weg frei und werde euch bestimmt zu mir ziehen. Zum Vater kommt niemand außer durch mich. Mein Tod wird kein Verlust, sondern wirklich euer aller Gewinn sein. Also, liebe Thomasgemeinde, schau nicht in die Luft, hör nicht in den Wind! Beklage dich nicht, daß du so nicht siehst und hörst!

Kenntet ihr mich, würdet ihr meinen Vater kennen. Von nun an kennt ihr ihn, ihr habt mich gesehen. Ihr kennt die Wahrheit: Ich bin die Wahrheit. Ich bin es, der sich euch zu erkennen geben und schenken, euch mit mir selbst speisen und mit euch leben, euch leiten und vorangehen will. Ich bin es, der für euch in euren Tod geht und gehen muß, um euch auf euren von mir unterschiedenen und geschiedenen Wegen einzuholen, den Durchbruch zu schaffen und die künftige Bleibe. Von mir abgesehen, seht ihr den Vater nicht. Der zeigt sich durch mich. Niemand kommt zum Vater, denn durch mich.

D: Gebet

unser VATER
menschlicher GOTT

in christus
herrlich anzuschauen:
der weg
die wahrheit
und das leben

noch sind wir
nicht am ziel
doch den weg
machst du frei
du bist der weg

noch starren wir
löcher in die luft
doch da kommst du
unverborgen
gott mit dem menschen
und der mensch mit gott

mache uns
durch deine liebe frei
uns
unsere freiheit lieb

schon sind wir
am ziel
da wir dir gehören
und dich haben

so haben wir
jederzeit grund
zur freude und
laufen dir entgegen

E: Meditation

Jesus Christus – der Weg.

Täglich absolvieren wir viele Wege. Wir stehen auf, wir gehen zu Bett. Wir gehen an die Arbeit oder lassen sie hinter uns. Wir gehen in die Schule, zum Amt, zum Briefkasten, zum Onkel Doktor, ab und an auch zur Kirche, ins Kino, ins Theater, zu Hinz oder Kunz. Unser Weg führt uns an die frische Luft, an eine neue Aufgabe, zum Fernseher, in die Kneipe, in ein Konzert oder ein Buch, unter Umständen dieses, in ferne Länder. Viele Wege, sagt man, führen nach Rom – als ob wir alle nach Rom wollten! Wichtiger als das Ziel ist der Weg – aber wer weiß das schon so genau.

Jesus Christus – der Weg.

Es gibt bequeme und unbequeme Wege, Autobahnen und Pflasterstraßen, Strecken, auf denen man sich Blasen an den Füßen holt oder sich den Mund fusselig redet. Unbequem ist der Weg zum Asylbewerberheim, zu einer Prüfung, katastrophal kann der Verlauf einer Krankheit oder einer Krise sein. Mühevoll sind die Wege zur Erkenntnis, zum Gespräch. Es gibt Wege, auf denen kommen wir rasch vorwärts, auf anderen dauert alles unendlich lange. Wir bewegen uns in gewohnten Gleisen, werden hierhin geschoben oder dorthin gezogen, ab und zu suchen wir einen neuen Weg. Manchmal sehen wir keinen Weg, weil wir ihn verloren haben, ein andermal können wir uns vor lauter Wegen für einen bestimmten Weg nicht entscheiden. Auf manchen Wegen kommen wir zu Kräften, auf anderen geht uns die Puste aus.

Jesus Christus – der Weg.

Es gibt gemeinsame und einsame Wege. Sie können anregend, aber auch langweilig, wunderbar oder schrecklich sein. Manche Wege führen zum Zusammenstoß, andere zu neuen Ufern. Wege laufen auseinander oder aneinander vorbei, berühren, schneiden, kreuzen sich. Es gibt laute und leise, abenteuerliche und geheimnisvolle, fröhliche und beschwerliche, zärtliche und brutale, krumme und gerade, erfolgreiche und vergebliche Wege. Um manchen Weg wird erbittert gestritten, andere verstehen sich wie von selbst. Wer weiß, wohin das alles noch führt? Wir fliegen in den Weltenraum oder auf die Schnauze, kehren um oder auch nicht, fangen von vorn oder zur Abwechslung einmal von hinten an, gehen mutig drauflos, halten durch oder schlagen uns in die Büsche. Wir hasten, sorgen, schlendern, stolpern Tag für Tag.

Jesus Christus – der Weg.

Betreten auf eigene Gefahr! Privatweg! Durchfahrt verboten! Ausfahrt freihalten! Sperrgebiet! Bis hierher und nicht weiter! Umleitung! Benutzen Sie die Unterführung! – Solche und ähnliche Hinweise machen uns darauf aufmerksam, daß wir uns an einen bestimmten Weg zu halten, eine festgelegte Ordnung zu bewahren, gewisse Grenzen nicht zu überschreiten haben. Das kann notwendig sein oder lästig oder beides zusammen. Ein verbotener Weg macht uns erst recht neugierig, der Verwaltungsweg läßt uns zweifeln oder verzweifeln. Hier könnte man den Weg doch abkürzen, dort wäre ein Umweg nicht schlecht. Der goldene Mittelweg erweist sich oft als Irr- oder Hohlweg.

Jesus Christus – der Weg.

Auch an jene Wege kann man denken, wo uns etwas in Aussicht gestellt oder versprochen wird, oder wo wir dies selbst besorgen. Da wird eine bestimmte Leistung angeboten, ein Produkt oder gar ein Mittelchen, wie man auf natürlichem Wege innerhalb kurzer Zeit überflüssige Pfunde verliert. Sicherheit wird feilgeboten, Steuerersparnis, die schnelle Mark, Wohlstand, Erfolg, Friede, Freude, Eierkuchen – alles, was das Herz begehrt oder begehren soll. Wege zum Glück werden in den Sternen oder in der Wunderwelt der Technik gesucht, in diesem oder jenem Glauben, in der Sexualität, der Karriere oder einer Mode. Manche sind auf einer Reise ins Ich. Ob sie von dort zurückkehren? Politik und alles, was dazu gehört, gilt als schmutziger Weg. Auswege, möglichst einfache, haben Konjunktur. Man geht sich aus dem Wege.

Jesus Christus – der Weg.

Eigenartig, daß er sich als „der Weg“ bezeichnet! Nicht als einen Weg unter vielen Wegen, nicht als die Summe, die Abkürzung oder die Verlängerung unserer Wege, sondern als „der Weg“ aller Wege. Ohne Christus wäre überhaupt kein Weg. Er ist Anfang und Ziel aller Wege. Er war gestern „der Weg“, ist es heute, wird es morgen sein.

Jesus Christus – der Weg.

„Eine Stimme ruft: In der Wüste bereitet dem Herrn den Weg, macht in der Steppe eine ebene Bahn unserm Gott! Jedes Tal soll angefüllt, jeder Berg und Hügel abgetragen werden, was krumm ist, soll gerade, und was zerklüftet ist, soll fruchtbar werden, denn die Herrlichkeit des Herrn soll offenbar werden. Alles Fleisch miteinander wird es sehen, denn des Herrn Mund hat's gesagt.“ (Jes 40,3–5)

Jesus Christus – der Weg.

Seine Herrlichkeit soll offenbar werden allem Fleisch. In der Wüste soll eine Straße, in der Öde ein Weg angelegt werden. In den Dschungel unserer Wege wird eine Schneise geschlagen, unsere Wege hinab sollen hinaufführen. Hohes soll niedrig, Niedriges soll erhoben, Krummes soll gerade, Karges fruchtbar werden. Alles soll das Kommen des Herrn der Herrlichkeit nicht gebrochen, sondern frei widerspiegeln.

Auf welchem Weg erreicht Gott dieses Ziel? Wie erreicht er seine Welt, die von ihm nichts wissen will und auch nichts weiß? Wie erreicht er Leute, die ihr Glück in den Sternen suchen oder bei sich selber. Wie gewinnt er Menschen, deren Leben sich darin zu erschöpfen scheint, wenn sie mit 200 Stundenkilometern über die Autobahn fegen oder sich durch 26 Fernsehprogramme blättern können? Wie kommt er zu Leuten, die bis obenhin satt sind und es satt haben, wie zu jenen, die ihn als ihren kleinen privaten Glücksbringer verehren, wie zu uns allen, die wir ja nach unserer eigenen Fasson selig zu werden glauben und mit solchem Glauben noch und noch leben müssen, wie zu Leuten, die am Ende ihrer Wege sind und ihr Ende vor Augen haben?

Jesus Christus – der Weg.

Keine Sorge! Er muß uns gar nicht mehr erreichen, sondern er hat uns schon erreicht, all unsere Wege gekreuzt. Er ist der Weg, und wir – wir sind, wer hätte es gedacht, schon auf seinem Weg in die Freiheit der Kinder Gottes.

F: Weg, Wahrheit und Leben

95 Prozent der Menschen suchen lebenslänglich.
Mr. Zufall wartet z.B. auf einen Volltreffer im Lotto,
andere suchen ihr Seelenheil in obskuren Sekten.
Hören Sie auf zu suchen!
Bei ECCLESIA haben Sie gefunden, was Sie brauchen,
um endlich den Erfolg im Leben zu haben, den Sie sich
schon immer gewünscht und verdient haben. Alles,
was Sie brauchen, steckt in Ihnen!
Es muß nur noch gefördert und entwickelt werden.
Ein handverlesenes, hervorragend ausgebildetes
Personal steht Ihnen zu Diensten.
Erfolg bedeutet Wohlbefinden, und das ist
der größte Luxus, den es im Leben gibt.
Weil Sie gut drauf sind, fliegen Ihnen
die Herzen nur so zu. Sie sind kontaktfreudig,
und können als Krönung noch einen überdurchschnittlich
hohen Steuer-Vorteil genießen. ECCLESIA ist grenzenlos
und für alle da! Sie haben Interesse, Lust und Laune,
bei dieser revolutionären, europäischen Idee
des 21. Jahrhunderts dabei zu sein?
Dann sollten Sie ECCLESIA ganz schnell
näher kennenlernen. Am besten geht das unverbindlich
an einem Informations-Nachmittag, wo zauberhafte
Überraschungen zu Dauertiefstpreisen auf Sie warten.
Heiliges Schweigen und Seelsorge-Wunder gehören
zu unseren beliebtesten Seid-nett-zueinander-Angeboten.
Als Begrüßungsgeschenk erhalten Sie garantiert
eine Bibel aus Marzipan:
„Dein Wort ist süßer als Honig!" (Ps 19,11)
Jetzt fällt der Startschuß für Ihren ECCLESIA-Weg.
Selbstverständlich reisen ECCLESIA-Mitglieder
mit dem Segen erster Klasse durchs Leben. Das beste
ist gerade gut genug für sie. Sie haben die Wahl.
Rufen Sie uns an oder besuchen Sie uns.
Wir freuen uns auf Sie.

Der wahre Weinstock

JOHANNES 15,1–8

Ich bin der Weinstock.

Ihr seid die Reben.

Wer an mir bleibt
und ich an ihm,
der bringt viel Frucht.

A: Text

1 Ich bin der wahre Weinstock,
und mein Vater ist der Weingärtner.

2 Eine jegliche Rebe an mir,
die nicht Frucht bringt,
wird er wegnehmen;
und eine jegliche,
die da Frucht bringt,
wird er reinigen,
daß sie mehr Frucht bringe.

3 Ihr seid schon rein
um des Wortes willen,
das ich zu euch geredet habe.

4 Bleibet an mir,
und ich an euch!

Wie die Rebe keine Frucht
aus sich selbst hervorbringen kann,
sie bleibe denn am Weinstock,
so auch ihr nicht,
ihr bleibet denn an mir.

5 Ich bin der Weinstock,
ihr seid die Reben.

Wer an mir bleibt
und ich an ihm,
der bringt viel Frucht;
denn ohne mich könnt ihr nichts tun.

6 Wenn einer nicht an mir bleibt,
wurde er als Rebe hinausgeworfen und verdorrte;

und man sammelt sie und wirft sie ins Feuer,
daß sie brennen müssen.

7 Wenn ihr an mir bleibt
und meine Worte in euch bleiben,
dann bittet, was ihr wollt,
und es wird euch widerfahren.

8 Darin wird mein Vater verherrlicht,
daß ihr viel Frucht bringet
und werdet meine Jünger.

B: Kommentar

Bei der Bildrede vom Weinstock und den Reben 15,1–17 handelt es sich um einen ersten Nachtrag, der an die Abschiedsrede 13,31–14,31 angehängt wurde. Das ins Bild gesetzte Beziehungsverhältnis „Vater-Sohn-Jüngerschar" bestimmt den ersten Teil der Rede (15,1–8), das „Bleiben in der Liebe" (was für einer Liebe!) den zweiten (15,9–17; vgl. 13,12–20).

Wie 10,11–18 gliedern zwei Ich-bin-Worte 15,1.5 den ersten Abschnitt. In der Selbstverbildlichung Jesu als „der wahre Weinstock" soll zunächst seine göttliche Einzigkeit und sein Reichtum herausgestellt werden (vgl. 15,9). Aus gnädiger Wahl 15,16 bringt er die Reben (seine Jünger) hervor, befähigt und beauftragt sie zum Dienst der Verherrlichung des Vaters in der Welt, zum Fruchtbringen. Dazu gehört, daß sie Christi „Gebote halten" (15,10.12), „einander lieben" (15,12.17), „beten" (15,7.16). Man beachte die Selbstverpflichtung Jesu! Die Bildmotive entstammen prophetischer (Jes 5,1–7) und weisheitlicher (Ps 80,9ff.; Sir 24,17f.) Tradition. Es geht um das, was man die „Heiligung" der Christen nennt (vgl. 3,20f.; 4,23f.; 8,31f.; 14,6.17; 16,13; 17,17.19).

Joh 15,2 beschreibt die pflegerische Tätigkeit des 15,1b als „Weingärtner" vorgestellten Vaters. Dieser prüft, ob eine Rebe

Frucht bringt oder nicht, und handelt im Interesse des Weinstocks (Reinigen/ Entfernen). Die äußere Reinigung einer Rebe durch den Gärtner dient der Mehrung ihres Ertrages und hat auf die Qualität der Frucht keinen Einfluß. Das ansprechende, in Anspruch nehmende Wort reinigt die Jünger (15,3); Jesus hat ihnen reinen Wein (sich selbst!) eingeschenkt. Mit 15,4a wird in 15,1–8 (= 15,9b in 15,9–17) das einzige Ausrufungszeichen gesetzt, das bildlich nur durch die Auflösung des Bildes plausibel gemacht werden kann. Die für sich existierende, aus sich selbst Frucht bringende Rebe kann höchstens auf dem Mist Fantasiens gewachsen sein (15,4bc). Damit ist auch hier evident, daß weder ein Bild an sich angeschaut noch ein Gleichnis entworfen, kein Naturvorgang, geschweige ein natürliches Wachstum betrachtet werden soll. Es geht exklusiv um die durch das freie Wort Christi hervorgebrachten, davon abhängigen, zum reinen Dienstgebrauch bestimmten „Reben", die, unbildlich und positiv ausgedrückt, nur in freiem Gehorsam Frucht bringen können (vgl. 15,15). Aus dieser Kommunikation kann sich eine „Rebe" leider wirklich entfernen, was ihre Fruchtlosigkeit zur Folge haben und den „Gärtner" zu der in 15,2 beschriebenen Konsequenz (Feststellung des betrüblichen Tatbestands und Entfernung der untreuen „Rebe") veranlassen müßte.

Ist das Unmögliche möglich, daß das Wort Jesu Christi einmal nichts oder bedauerlicherweise zu wenig ausrichtet, daher umsonst gesagt wurde und leer zu ihm zurückkehrt? Nach 15,6 ist das nicht möglich. Sogar das ausgeschlagene, nur scheinbar ohnmächtige Wort behält die Initiative, dann freilich in der schrecklichen Gestalt eines vorauslaufenden Hinauswurfes. Wer sich von Christus trennt, feiert keine Triumphe.

Joh 15,5a verzichtet auf das den Weinstock qualifizierende Adjektiv, um nicht dem Mißverständnis Vorschub zu leisten, als ob die am Weinstock befindlichen Reben direkt an seiner Göttlichkeit teilhätten und als „die wahren Reben" göttliche Früchte tragen könnten. Sein freies Bleiben an/in ihnen fördert und heiligt ihr menschliches Werk zur Verherrlichung des Vaters (15,8), befähigt sie aber nicht zur Produktion von Götterspeise. Unter der Voraussetzung ihrer Treue in seinen Worten – anders 14,12f.! – wird den Jüngern die Erhörung ihrer Bitten zugesagt (15,7; 1.Joh 3,21–24).

Ganze siebenmal wird in 15,1–8 das Verb „bleiben“ verwendet. Sinn und Zweck dieses Bleibens ist das Fruchtbringen zur Verherrlichung des Vaters, nicht aber ein privates „getroster werden“, wie es im Lied Philipp Spittas, „Bei dir, Jesu, will ich bleiben“ (EG 406,2), leider in jeder Strophe durchschlägt. In diesem Lied ist die Erwählung der Gemeinde zum Dienst einer gläubigen Selbsterwählung für Christus (1829er Spätlese!) gewichen. Dagegen waren die Apostel ein noch ziemlich unausgereifter Jahrgang.

Auch dem anderen Extrem, daß nur derjenige, welcher im Fruchtbringen ein bestimmtes Soll erfüllt, an Jesus bleiben kann, widerspricht der Text. Im Original ist das wechselseitige Bleiben (15,4a.5b) dem Fruchtbringen unumkehrbar vorgeordnet und geradezu als dessen Voraussetzung anzusehen. Das Bleiben des Weinstocks an den Reben – daraufhin das Bleiben der Reben am Weinstock! – führt zur Frucht, nicht die Frucht zum Bleiben. Die Aktivisten und Individualisten unter den Christen mögen sich also vorsehen! Über Menge und Qualität der eigenen oder gar der Frucht einer anderen Rebe entscheidet schließlich die Rebe zuletzt.

C: Predigt

Jesus Christus – der wahre Weinstock, wir – die Reben.

Mit diesem Bildwort soll Art und Weise unseres Zusammenseins mit Jesus Christus und unser Auftrag, den wir als Christen haben, anschaulich gemacht werden. Das Volk Gottes ist oft und gern mit einem Weinberg, einer durch Gott angelegten Pflanzung verglichen worden. Hier aber konzentriert sich alles auf eine Pflanze, eben auf den wahren Weinstock. Dieser Weinstock ist der Weinstock Gottes, aus ihm selbst hervorgegangen. Nicht mehr und nicht weniger. Es gehört zu seiner

Wahrheit, daß er nicht für sich allein, nicht als menschenloser Strunk lebt. Der wahre Weinstock ist die Liebe Gottes in Person, die auf Golgotha Wurzeln schlug. Ganz unten und an diesem dunklen Ort hat sie uns alle erreicht. Dort erhebt sich der Weinstock Gottes, der uns als seine Reben, die aus der Kraft seiner Hingabe leben, hervorbringt und trägt.

Der Weinstock bringt die Reben hervor, nicht die Reben den Weinstock. Und die Reben bringen Frucht. Das ist ihre Aufgabe. Bringt eine Rebe keine Frucht, verfehlt sie ihren Sinn. Sie müßte wohl oder übel entfernt werden, damit sich die Kraft des Weinstocks nicht vergeudet. Alle Reben des Weinstocks haben es nötig, durch den Weingärtner gepflegt und gereinigt zu werden, damit sie mehr Frucht bringen.

Keine Rebe ist wie die andere. Keine bringt sich selbst hervor. Der Weinstock bringt die verschiedenen Reben hervor. Durch den Weinstock sind sie miteinander verbunden. Ohne den Weinstock könnten sie keine Frucht bringen und auch untereinander nicht verbunden sein. Ohne Verbindung zum Weinstock würden sie sofort absterben.

Die Reben sind dem Weinstock, der sie hervorgebracht hat, gemäß. Sie bringen ihm gemäße Frucht. Sie können nicht Apfelsinen oder Bananen, sie können nur Trauben tragen. Sie können überhaupt nur Trauben ansetzen, oder aber keine Frucht.

Der Weinstock ist auch den Reben gemäß. Nur er konnte sie hervortreiben, nur er kann sie recht versorgen. Bei ihm können und sollen sie bleiben. Niemand pfropft Weinreben auf Eichen- oder Lindenbäume. Auch an Zitronenbäumchen erntet man keine Trauben, nicht einmal saure.

Der Weinstock ist keine Zierpflanze, und die Reben sind nicht der Schmuck des Weinstocks. Ihre Frucht ist für den Gärtner bestimmt. Die Reben sollen, sich aus dem Weinstock nährend, dem Gärtner Frucht tragen. Der Gärtner will es so haben. Denn er will sich durch diese Frucht verherrlichen.

Jesus Christus – der Weinstock, wir – die Reben.

Der Verfasser unsres Textes weiß, daß die Bildrede vom Weinstock und den Reben das Beziehungsverhältnis, das er veranschaulichen will, nur begrenzt widerspiegeln kann. Er möchte aber mehr sagen, als das Bild für sich genommen zu tragen vermag. Er will ja die Beziehungen zwischen Jesus Christus und uns als eine lebendige Kommunikation ins Bild setzen. Darum geht er über das Bild vom Weinstock und den Reben hinaus und gestaltet es in einer Weise neu, die ihm natürlicherweise nicht innewohnt. Der Weinstock redet nämlich. Oder vielmehr, Jesus Christus, der sich als den wahren Weinstock und uns als seine Reben bezeichnet, spricht. Sein Wort treibt die Reben hervor. Sein Wort spricht sie an und wartet gespannt auf ihre Antwort. Die Reben sind rein um dieses sie ansprechenden und in Anspruch nehmenden Wortes willen.

Es ist auffällig, daß das Wort Jesu Christi die Reben nicht zum Fruchtbringen, sondern zum Bleiben am Weinstock, nicht zur Intensivierung ihrer Traubenproduktion, sondern zur Treue im Wort auffordert. Die Reben sollen weder größere noch wohlschmeckendere Früchte hervorbringen, sie sollen im Worte Jesu Christi bleiben. Bleiben sie dort, werden sie dem Weinstock gemäße Frucht tragen. Halten sie sich an den, der sie hervorgebracht hat und trägt, wird ihnen zuteil werden, worum sie bitten und was sie brauchen. Sie bedürfen nicht der Maximierung ihrer Traubenproduktion, sondern des Bleibens am Weinstock und der gärtnerischen Pflege Gottes. Dies bestimmt ihr Dasein, ihren Dienst. Bleiben sie nicht am Weinstock, werden sie dem Gärtner mit Sicherheit keine Frucht bringen. Bleiben sie nicht im Worte Christi, kann Gott mit ihnen nichts anfangen, und sie können gar nichts tun.

Die Aufforderung zum Bleiben setzt voraus, daß wir schon an Christus hängen. Wir hängen an ihm, weil nicht irgendjemand, sondern er sich aus freien Stücken auf uns eingelassen und uns als der wahre Weinstock hervorgebracht hat. Ganz sicher aber hängen wir nicht an ihm, weil wir uns an ihn angehängt hätten. Das wäre ein seltsamer Weinstock, an den sich die Reben anhängen wollten oder könnten. Nein, am Weinstock sind wir durch ihn selber. Weil er an uns bleiben möchte, uns sein Bleiben zusagt, darum sind wir zum Bleiben aufgerufen. „Bleiben“ heißt, bei Christus ausharren, seinem Wort treu bleiben, sich ihm allezeit neu aussetzen. „Bleiben“ heißt, in seiner Liebe eingewurzelt bleiben, es heißt bitten und empfangen, wachsen, Frucht tragen (Joh 15,9–10). Zum Bleiben gehört die Bereitschaft zum Bleiben, auch der Widerstand allen Versuchungen zum Trotz (Joh 15,18ff.). Wer zum Bleiben auffordert, sucht unsere zustimmende, freie Antwort (Joh 15,15).

Wollte Gott uns nicht fürsorglich reinigen, verschneiden und pflegen, so würde unsere Frucht sicherlich winzig bleiben müssen. Dann würden wir nur ab und zu ein paar Früchtchen ansetzen und es bestimmt nicht weit bringen. Wir würden aber gänzlich in der Luft hängen, wenn Christus, der sein Leben für uns drangab, nicht bei uns bliebe. Alle Treue kann tatsächlich nur aus seiner Treue, unser Bleiben nur aus seiner freien, befreienden Entscheidung für uns hervorgehen. Die Reben bringen nicht den Weinstock, sondern der Weinstock bringt die Reben hervor. Er ist der Weinstock, wir die Reben.

D: Gebet

GOTT
unser VATER

wir danken dir
daß wir an christus
hängen dürfen
der uns in
zuvorkommender liebe
hervorgebracht hat
und trägt

wir danken dir
daß du uns pflegst
damit wir frucht tragen
die dir recht ist

und bitten dich
nähre uns auch heute
aus der kraft
des weinstocks
aus dem wort
des lebens
daß wir ihm treu bleiben
nähre uns aus seiner fülle
und nimm unsere eitelkeiten
von uns fort
damit wir frucht tragen
zu deinem lob

Wie soll die Kirche sein? Was sagen die Leute? Die Kirche soll jugendlich sein, dynamisch, mitreißend. Sie soll ansprechend sein, entgegenkommend, glänzend und es den Leuten recht machen. Weltfremd soll sie natürlich nicht sein und nicht in unverständlicher Sprache sprechen. Sie soll uns unseren tristen Alltag ein wenig verzuckern.

Wie soll die Kirche sein? Was sagen die Leute? Die Kirche soll die christlichen Werte lehren. Sie soll sich für ein gutes Zusammenleben der Menschen einsetzen. Wenn alle sich nach den Geboten richten würden, dann sähe es anders bei uns aus. – Ist euch klar, daß die Gebote mit Gott anfangen, mit der Gottesliebe zu tun haben und daß darin etwas vom Gernhören des Wortes Gottes steht? Man lese Luthers Auslegung des dritten Gebotes! Aber nein, das will man eigentlich nicht hören, darauf kann man verzichten.

Wie soll die Kirche sein? Was sagen die Leute? Die Kirche soll sich nicht in alle Angelegenheiten einmischen. Sie soll sich um den Glauben, um die Seelsorge kümmern, um die Versorgung ihrer Schäfchen. Da hat sie genug zu tun. – Sicher, das kennen wir noch aus DeDeRoniens seligen Zeiten! – Von Politik und Wirtschaft hat sie ohnehin keine Ahnung. Mag sein.

Wie soll die Kirche sein? Was sagen die Leute? Die Kirche soll sich um die Schwachen kümmern, um die Ausgestoßenen, die Menschen zweiter und dritter Klasse, um die Arbeitslosen, die Kinder, die Hungernden, die Pflegebedürftigen, die Gefangenen und Einsamen in der Welt. Sie soll unser Alibi sein und uns Beistand geben in den Wechselfällen des Lebens, getreu ihrem Motto: Weinet mit den Weinenden, seid fröhlich mit den Fröhlichen. – Als ob sie dies mit vielen anderen nicht längst tun würde, und als ob sie in der weiten Welt nicht selber zweiter und dritter Klasse wäre. Wenn man eine Kirchenzeitung läse, könnte man darüber informiert sein, wie es den Christen in der Welt geht.

Was habe ich für einen Nutzen von der Kirche? fragt sich so mancher, der seinen Steuerbescheid anschaut, und tritt aus.

Und das ist kein Wunder, war man doch rosablau hineingetragen worden. Irgendwie hat man sich alles anders vorgestellt. Mitmachen in der Kirche? Wie kommt man dazu? Hat man nicht schon selbst genug um die Ohren? An Gott glauben kann man auch ohne die anderen.

Wie soll die Kirche sein? Was sagen die Leute? Die Kirche soll mich in Ruhe lassen. Was geht sie mich an? Wer in die Kirche gehen will, bitte, wir haben Religionsfreiheit. Ich halte mich an die Vernunft oder an den gesunden Menschenverstand (was immer das heißen mag). Die Kirche ist doch überholt und von gestern. Schaut euch nur diesen lächerlichen Verein an! Wer geht da schon hin?
Und wir, liebe Christen, worauf kommt es uns an, worauf wollen wir es ankommen lassen? Wie wollen wir uns verstehen? Was ist unsere Aufgabe?

Wollen wir die Menschen zum Narren halten, wie man uns zum Narren hält? Was ist das für eine närrische Kirche, die es wagt, sich selbst ins rechte Licht zu rücken? Was für eine Kirche, die private Werbeagenturen beauftragt (seitdem Klaus nicht mehr zum Religionsunterricht geht, kommt er mit dem Messer in die Schule), damit uns die Leute nicht davonlaufen!
Was machen wir dagegen? Nun, wir singen. Ihr habt richtig gehört, wir singen! Wir machen das, was die Kirche seit zweitausend Jahren getan hat. Wir singen das Lob unseres Herrn und rühmen uns seiner Güte, die alle Morgen frisch und neu ist. Wir freuen uns seiner Barmherzigkeit, der kein Mensch davonlaufen kann und davonlaufen wird. Uns hat sie schon gefunden, ganz unten an unserm Kreuz, wo es mit unseren mehr oder weniger frommen Rechthabereien aus ist. Sie findet uns heute, sie wird uns morgen finden, so daß uns um die Zukunft der Kirche am allerwenigsten bange sein muß. Wir hoffen gespannt auf Gott und tragen an den Belastungen unseres Herrn, der so weit ging, wie man für seine Feinde nur gehen kann. Wir schleppen das Sterben Christi mit uns herum, damit das Leben aus seiner Kraft an uns offenbar werde.

Man belächelt uns, schüttelt den Kopf. Man zischelt Gemeinheiten gegen uns. Leute, die keine Ahnung haben, reden vollmundig mit. Man möchte uns los sein und in sicherem Abstand haben, oder man lobt uns gar sehr, um uns zum Schweigen zu bringen. Wir schnitzen unsere Hoffnung in leere Bänke, halten die Plätze frei und tun immer gerade das, was man nicht von uns erwartet: uns um das Wort Jesu Christi mühen, um in allem mit der Hoffnung auf ihn anzufangen. Wir müssen die Welt nicht christlich machen, sie wird uns diesen Gefallen auch nicht tun, aber sie soll von uns sein Lob zu hören bekommen und ihn an unserer Gestalt sehen.

F: Vom Bleiben

„Bei dir, Jesu, will ich bleiben,
stets in deinem Dienste stehn;
nichts soll mich von dir vertreiben,
will auf deinen Wegen gehn.
Du bist meines Lebens Leben,
meiner Seele Trieb und Kraft,
wie der Weinstock seinen Reben
zuströmt Kraft und Lebenssaft.

Könnt ich's irgend besser haben
als bei dir, der allezeit
soviel tausend Gnadengaben
für mich Armen hat bereit?
Könnt ich je getroster werden
als bei dir, Herr Jesu Christ,
dem im Himmel und auf Erden
alle Macht gegeben ist?

Wo ist solch ein Herr zu finden,
der, was Jesus tat, mir tut:
mich erkauft von Tod und Sünden
mit dem eignen teuren Blut?
Sollt ich dem nicht angehören,
der sein Leben für mich gab?
sollt ich ihm nicht Treue schwören,
Treue bis in Tod und Grab?

Ja, Herr Jesu, bei dir bleib ich
so in Freude wie in Leid;
bei dir bleib ich, dir verschreib ich
mich für Zeit und Ewigkeit.
Deines Winks bin ich gewärtig,
auch des Rufs aus dieser Welt;
denn der ist zum Sterben fertig,
der sich lebend zu dir hält.“[6]

6 siehe Quellennachweis

G: Wie wir angezogen sind

*Eine Bildbetrachtung zur Erwachsenentaufe**

In der Gesprengezone des Bildtafel-Altars der Kirche zu Birthälm (Siebenbürgen), von unten mit bloßem Auge kaum zu erkennen, läßt sich, quasi als Bildüberschrift für alle Bilder, ein Gemälde aus dem Jahre 1515 entdecken. Es zeigt den Versuch eines unbekannten Künstlers, die Bild-Rede vom Weinstock und den Reben, Joh 15,1–8, auf seine Weise auszulegen. Ich will dieses außergewöhnliche Bild beschreiben:

In der Mitte des Bildes erhebt sich ein Kreuz-Weinstock. Er reicht von der Erde bis an den Himmel, vom Himmel zur Erde. An den erdfarbenen Stock ist der Christus genagelt. Bis auf ein Tuch um seine Hüften ist er unbekleidet. Auf seinem Kopf trägt er eine grüne Dornenkrone. Sie fällt besonders auf, da ein goldener Kranz das ansonsten fahle Gesicht umgibt. Seine Augen sind geschlossen, der Kopf zur Brustwunde geneigt: er ist gestorben. Aus dem Todes-Holz jedoch sind überraschend Reben und grüne Blätter gesprossen, vereinzelt zeigen sich Trauben. Zur Linken und zur Rechten dieses Weinstocks, mitten im grünen Laub, sind die zwölf Jünger in zwei Sechsertrauben abgebildet, jeder von ihnen mit seinem besonderen Symbol. Links oben Judas Thaddäus (Keule), Matthias (Lanze), Thomas (Winkelmaß); darunter Jacobus Major (Pilgerstab), Andreas (Schrägbalkenkreuz), Johannnes (Kelch); rechts oben Simon Zelotes (Säge), Jacobus Minor (Walkerstange), Philippus (Kreuzstab); darunter Petrus (Schlüssel) und Bartholomäus (Messer und Buch). Die freie Stelle von Judas Iskariot hat der Apostel Paulus (Schwert) zwischen Petrus und Bartholomäus eingenommen. Diese Jünger sitzen im Weinstock wie

* Bild links: „VISIO OCTAVIANI CAESARIS PER SIBILLAM" [Vision des Kaisers Oktavian (Augustus) durch die Sibylle (gewiesen)];
Bild rechts: „VISIO ESECHIELIS PROPHETE" [Vision des Propheten Ezechiel (vom künftigen Jerusalem)]

Vögel im Baum und sind wie zum Chor aufgestellt, ohne daß ihre Besonderheit, eines jeden Weg und Dienst, verwischt oder uniformiert worden wäre. Alle stehen erhobenen Hauptes, auch diejenigen, die das Zeichen ihres Martyriums mit sich tragen. Sie schauen oder zeigen auf den Gekreuzigten in der Mitte, der die Arme über sie streckt. Die Jünger erscheinen etwa um ein Drittel kleiner als der Christus, sie sind ihm nachals auch zugeordnet. Im Gegensatz zu ihm tragen sie farbenfrohe, prächtige Gewänder. Wie sein Gesicht sind auch ihre Gesichter mit einem goldenen Reif gefaßt.

Am Fuß des Weinstocks betätigen sich eine Frau und ein Mann. „MARIA RIGET PALMETES, JOHANNES PLANTAT" (Rahmeninschriftleiste). Maria, Jesu Mutter, gießt aus einem Krug Wasser (Fruchtwasser?) auf die Schößlinge des Weinstocks; der Mann, Johannes der Täufer, lockert mit einer Hacke den Boden ringsum. Beide, Maria ein wenig erhöht, dienen dem gekreuzigten Christus zu Füßen. Im Unterschied zu den Aposteln tragen sie Arbeits- beziehungsweise Alltagskleidung. Sie sind ihm vor- und klar untergeordnet. Ihre Augen bilden mit dem Nagel, der Jesu Füße heftet, eine gerade Linie, die ihren Dienst von seinem trennt und abhebt. Eine verbindende Linie dagegen läuft von Jesu Haupt über seine Brustwunde zum Haupt Marias hin. Die andere Verbindungslinie von Jesu Haupt zu Johannes dem Täufer hin ist ein wenig länger und deshalb weniger betont. Maria und Johannes sind zum Wurzelstock hin gebeugt und beschreiben durch ihre Arbeitshaltung einen kleinen Kreis im Vordergrund: den Kreis der natürlichen und prophetischen Vorläufer und Wegbereiter Jesu. Sie haben den Weinstock nicht gepflanzt. Auch ihre Gesichter sind golden eingefaßt, um ihre heilsgeschichtliche Aufgabe zu verdeutlichen. Es scheint, als stützten sie die breit ausladenden Ranken mit den schweren Apostelltrauben mit dem Rücken, es scheint aber nur so. Die Nähe des kelchtragenden Johannes zu Jesu Mutter ist durch Joh 19,26f. vorgegeben, über und hinter dem Täufer aber steht überraschenderweise der das Schwert tragende Paulus.

Besonders auffällig gestaltet ist der Himmel. Er besteht aus gediegenem, hellen Gold, ist fein ziseliert und besitzt eine dem

Blattwerk des Weinstocks ähnliche Struktur. Es könnte sich um die Darstellung von Feuerflammen handeln. Dieser flammende Himmel ist über den Gekreuzigten gespannt und seinen Umrissen angepaßt. Der Gekreuzigte berührt ihn mit seinen Fingerspitzen. Der Eindruck drängt sich auf, als sei der Christus aus diesem, das ganze Bild überspannenden, hinunterdrängenden Himmel, seinem feurigen Kleid, ans Kreuz herabgesenkt: der gegebene, sein Leben hingebende Sohn des die Welt liebenden Gottes – festgenagelt auf das unfruchtbare Holz. Durch den aufs Kreuz Gelegten sprossen Reben daraus hervor, grüne Blätter und Trauben. Infolge seiner Entblößung kamen seine in Erbarmen gekleideten Jünger. Wie bunte Vögel leben sie für ihn im grünen Weinstock der Gnade unter einem offenen Himmel.

Der Kontrast zwischen dem nackten, gekreuzigten Christus und seiner Herkunft aus dem Himmel ist ungeheuerlich: ein schreiender Gegensatz scheinbar. Der vom Vater gekommene Sohn hat allen Glanz abgelegt: nackte Haut und totes Fleisch. Er wurde wie unsereiner. Die durch ihn hervorgebrachten und ins Erbarmen gehüllten Apostel sind sein neues Kleid.

Der aus dem Himmel Heruntergekommene ist von unten gekommen, natürlich geboren, hervorgegangen aus der Wurzel Jesse. Vorläufer und Wegbereiter verhalfen ihm zur Welt. Maria gebar ihn, Johannes der Täufer lockerte in der Erwartung seines Kommens ein wenig das Erdreich. Anders konnten sie ihm nicht helfen, so aber halfen sie ihm am Anfang seines irdischen Weges. Wer die drei Nägelmale Jesu mit Linien verbindet und ebenso die Köpfe (Jesus, Maria, Täufer), erblickt zwei ineinander verschränkte Dreiecke – den David-Stern. In diesen ineinander verschränkten Dreiecken bildet der Christus als gekreuzigter Gottessohn und erhöhter Menschensohn die verbindende Mittelsenkrechte. Er ist der Mittler.

Der Maler hat kein Abziehbild entworfen, sondern war bemüht, die erregende Geschichte der Versöhnung ins Bild zu setzen. Sie hatte eine Vorgeschichte und hat eine Nachgeschichte. Der Mittler ist auch die Mitte der Zeit. Die Vorgeschichte fand mit ihm ihren Abschluß, ihr Ziel. Hinter sich spannt der Gekreuzigte einen universalen Raum zwischen

Himmel und Erde auf (Kreisbogenausschnitt) und kreiert eine neue, von ihm kommende, wieder auf ihn zueilende Zeit. Die Reben des Weinstocks sind – auf gleicher Höhe mit Jesus Christus! – in die Breite und in die Tiefe gewachsen. Die Apostel haben ihn freilich nicht hinter, sondern vor sich, existieren von ihm her und auf ihn hin als die zum Dienst der Versöhnung hervorgebrachte Kirche. Nach dem Verständnis des Malers sind Altar- und Bußsakrament (Kelch und Schlüssel) die zentralen Merkmale dieses Dienstes

Anhang

Horizonte

Die Geburt aus dem Geist

A: JOHANNES 3,1–9

1 Es war aber einer von den Pharisäern,
Nikodemus mit Namen,
ein Mitglied des Rates der Juden.
2 Dieser kam bei Nacht zu ihm und sagte:
„Rabbi,
wir wissen,
du bist als ein Lehrer von Gott gekommen,
denn niemand kann diese Zeichen tun, die du tust,
wenn Gott nicht mit ihm wäre."
3 Jesus antwortete und sagte zu ihm:
„Amen, Amen, ich sage dir,
wird einer nicht von oben geboren,
kann er das Reich Gottes nicht sehen."
4 Spricht Nikodemus zu ihm:
„Wie kann ein Mensch geboren werden, der ein Greis ist?
Kann er etwa in den Schoß seiner Mutter einkehren
und ein zweites Mal geboren werden?"
5 Jesus antwortete:
„Amen, Amen, ich sage dir,
wird einer nicht aus Wasser und Geist geboren,
kann er nicht in das Reich Reich Gottes einkehren.
6 Was aus Fleisch geboren ist, ist Fleisch,
und was aus Geist geboren ist, ist Geist.
7 Wundere dich nicht, daß ich dir sagte:
Ihr müßt von oben geboren werden.
8 Der Geist weht, wo er will:
Du hörst zwar seine Stimme,
aber du weißt nicht,
woher er kommt, und wohin er geht.
So stehts mit jedem, der aus dem Geist geboren ist."
9 Nikodemus antwortete und sagte zu ihm:
„Wie kann dies geschehen?"

Nikodemus, ein pharisäischer Lehrer, Ratsmitglied der höchsten jüdischen Gerichts- und Verwaltungsbehörde in Jerusalem, sucht Jesus zu einem Lehrgespräch auf. Er möchte ihm mitteilen, warum und wieso er mit einigen befreundeten Kollegen seiner Fraktion für ihn Partei ergriffen hat. Doch ein echter Dialog kommt nicht zustande. Beide Gesprächspartner trennt ein tiefer Graben, den Nikodemus jedenfalls nicht durchqueren kann. In diesem Gegenüber soll ausgelotet werden, worin sich das Christsein von freundlich-menschlicher Sympathie für Christus unterscheidet.

Nikodemus kommt bei Nacht zu Jesus. Das kann verschiedenes bedeuten. Bei Nacht kann man ungestört miteinander reden und wird nicht wie am Tage abgelenkt. Bei Nacht zu Jesus – das dürfte wohl heißen, daß ein Mensch mit Sehstörungen, ein Umnachteter zu Jesus kommt. Das Gespräch wird es zur Genüge erweisen. Nikodemus findet im Johannes-Evangelium übrigens noch zweimal Erwähnung. Zuletzt spielt er seine Rolle bei der Bestattung Jesu. Dafür spendet er immerhin einhundert Pfund Balsam, damit Jesu Leichnam konserviert werden kann (19,39).

Nikodemus eröffnet das Nachtgespräch mit seinem und seiner Freunde konserviertem Wissen: „Rabbi, wir wissen, du bist als ein Lehrer von Gott gekommen, denn niemand kann diese Zeichen tun, die du tust, wenn Gott nicht mit ihm wäre.“ Nikodemus ist, wie diese Äußerung verrät, von Jesus beeindruckt. Er bewundert ihn. Da kam er mit einigen Freunden zu folgender Schlußfolgerung: wer solche Zeichen wie Jesus tut, muß von Gott geschickt worden sein, er kann Gott nicht zum Feinde haben. – Also von dorther weht der Wind, aus dem eigenen Urteil über ein außergewöhnliches Phänomen: Wir wissen, du bist als Lehrer von Gott gekommen. Diese Überzeugung wird Nikodemus später auch im Synhedrium vertreten und den Herren raten, im Rahmen und Namen des Gesetzes die Augen offen zu halten, damit vor einer sorgfältigen Prüfung des Anspruchs Jesu keine überstürzten Schlüsse gezogen werden (7,40–52). Ein respektabler, sympathischer Lehrer!

Der Fortgang des Gespräches jedoch deckt auf, daß Nikodemus nichts von Jesus weiß und mit seinem eingebildeten Wissen nichts anfangen kann. Jesus wird ihm zum Rätsel. Er tappt mit seinen Schlußfolgerungen, seinem Wissen und seiner daraus resultierenden Sympathie umher wie ein Blinder. Gleich die erste Äußerung Jesu „Amen,

Amen, ich sage dir, wird einer nicht von oben geboren, kann er das Reich Gottes nicht sehen", mißversteht er gründlich. Nach diesen Worten müßte er ja selber „von oben geboren" worden sein, um zu sehen. Was sieht Nikodemus? Nikodemus denkt bei jenem Von-oben-geboren-werden an eine Umkehr seiner eigenen Zeit- und Lebensrichtung, an die Möglichkeit einer verjüngenden Rückkehr zu seinem eigenen Ursprung, um daraus noch einmal hervorzugehen. Ginge dies, könnte er tatsächlich wiedergeboren werden und sein Leben noch einmal leben. „Wie kann ein Mensch geboren werden, der ein Greis ist? Kann er etwa in den Schoß seiner Mutter einkehren und ein zweites Mal geboren werden?" Das ist die törichte Frage, die sein geistloses Wissen von Jesus ihm eingibt. Als ob es sich bei der „Geburt von oben" um eine Art Selbstwiederholung des Menschen, um die wundersame Verjüngung eines in die Jahre gekommenen Nikodemus zum ewigen Leben handelt! Diese Theorie hat den selben Wert, als würde Nikodemus zur Bestattung Jesu nicht mehr hundert, sondern zweihundert oder gar dreihundert Pfund Balsam mitbringen. Das wäre auch sehr eindrucksvoll, ja man könnte auf den Gedanken kommen, er täte es im Auftrage Gottes, weil sonst niemand solche Zeichen tut.

Aber nein, eine Umkehr zur ersten Geburt oder eine zweite Geburt meint Jesus nicht. Er spricht von einer anderen, einer neuen Geburt aus Wasser und Geist: „Amen, Amen, ich sage dir, wird einer nicht aus Wasser und Geist geboren, kann er nicht in das Reich Gottes einkehren." Das Neugeborenwerden aus dem Geist eröffnet die Möglichkeit, daß einer das Reich Gottes sehen und in das Leben mit Gott, ins ewige Leben einziehen kann. Lebendiges Wasser und lebendigmachender Geist – das ist Christus selber. Er ist, wie es an anderer Stelle des Johannes-Evangeliums heißt, die Tür zu den Menschen und die Tür für die Menschen (10,7.9), also die Tür, durch die er kommt, die er selber ist, die Tür, durch die einer hindurchgehen darf, aber auch hindurchgehen muß, um ein anderer, neugeborener, ein durch ihn bestimmter Mensch zu werden. Christus ist der Einstieg, bei dem man einsteigen muß. Nikodemus hat sich in der Tür geirrt. Er ist in den falschen Zug eingestiegen, ohne es recht zu bemerken. Er ist ein Sympathisant und hegt aufrichtige Gefühle für Jesus oder vielmehr für das, wofür er ihn hält – und dennoch: hier reden Fremde miteinander.

Darin besteht wohl auch die Absicht dieses Gespräches: Jesu Fremdheit gegenüber der Welt herauszustellen, und zwar gegen alle menschlich-weltliche Sympathie, die ihm entgegengebracht werden mag und ihm doch nicht entspricht. Er ist so rätselhaft und fremd wie der Atem Gottes, den man hört und zu kennen meint, doch man weiß nicht, wo er herkommt, und wo er hingeht. Jeder aus Gottes Geist Geborene hingegen weiß, woher er kommt, und wohin er geht. Wie also kann es geschehen, fragt Nikodemus, daß ein Mensch aus dem Geist Gottes geboren wird? Er muß sich darauf die beschämende Gegenfrage gefallen lassen: „Du bist der Lehrer Israels und weißt es nicht?“ Amen, ich sage dir: Der aus dem Geist Gottes Geborene bin ich. Ich muß dich hervorbringen, du mußt dich an mich halten, nicht an deine Konstruktionen, Folgerungen, deine konservierten Ansichten, an dein Wissen über mich. Mich mußt du ansehen und anhören, mir glauben, daß ich dein Neuanfang, deine neue Bestimmung bin. Ist dir aber das schon problematisch, wie problematisch wird es dir erst sein, wenn ich dir sage, daß ich auch dein Ziel bin und nur durch mich, durch den Tod hindurch, der mich nicht festhalten kann, deine Einkehr ins Reich Gottes möglich wird!

Was können wir hier lernen? Erstens: Das Christwerden ist nicht die Angelegenheit eines Menschen, der es sich auf Grund seiner Herkunft oder seiner Stellung, seines Charakters, seiner Ansichten, nach Abwägung aller möglichen oder auch unmöglichen Kosten leisten zu können glaubt, Christus interessant und nett zu finden. Das geht eben nicht! Das Christwerden ist die Angelegenheit Jesu Christi, der einen Menschen von sich aus anspricht, auf sich hin ausrichtet und so sein Christsein erst möglich macht. Zweitens: Das Christwerden ist, weil es Sache des berufenden und bestimmenden Christus ist, auch eine rätselhafte Angelegenheit, weil Jesus nicht danach fragt, wer sich von seinen Begabungen und Anlagen, seinen Erfahrungen und Überzeugungen her gut für ihn als Christ eignen würde. Ginge es danach, könnte niemand Christ sein, denn kein Mensch eignet sich von sich aus für ihn, selbst wenn er hundert Jahre Theologie studiert haben sollte und ein anerkannter Lehrer der Kirche, der nette Herr Konservator persönlich wäre. Es ist vielmehr so, daß Christus uns anspricht und qualifiziert, in seiner Anrede unsere Qualifikation beschlossen und eingeschlossen ist, mag man davon befremdet sein oder nicht. Und drittens: Die Antwort eines Christen wird mit Sicherheit keine Schlußfolgerung, kein Urteil, sondern, so rätselhaft wie der Wind, dankbare Freude und gespannte Erwartung sein.

Das Wasser des Lebens

A: Johannes 4,5–15

5 Er kommt nun zu einer Stadt in Samaria namens Sychar
in der Nähe des Grundstückes,
das Jakob seinem Sohne Joseph vermacht hatte.
6 Dort aber war der Jakobsbrunnen.
Jesus nun,
müde von der Wanderung,
setzte sich ohne weiteres am Brunnen nieder.
Es war ungefähr die sechste Stunde.
7 Da kommt eine samaritanische Frau,
um Wasser zu schöpfen.
Spricht Jesus zu ihr:
„Gib mir zu trinken!"
8 Denn seine Jünger waren in die Stadt weggegangen,
um Lebensmittel einzukaufen.
9 Da spricht die samaritanische Frau zu ihm:
„Wie kannst du, ein Jude,
von mir, einer samaritanischen Frau,
zu trinken verlangen?"
Juden verkehren nämlich nicht mit Samaritanern.
10 Jesus antwortete und sagte zu ihr:
„Wenn du die Gabe Gottes kennen würdest
und wer der ist,
der zu dir spricht: ‚Gib mir zu trinken!',
dann hättest du ihn gebeten,
und er hätte dir lebendiges Wasser gegeben."
11 Spricht sie zu ihm:
„Herr,
du hast kein Schöpfgefäß,
und der Brunnen ist tief.
Woher also hast du lebendiges Wasser?
12 Bist du denn größer als unser Vater Jakob,
der uns den Brunnen gab

und selbst daraus getrunken hat
samt seinen Söhnen
und seinen Herden?“
13 Jesus antwortete und sagte zu ihr:
„Jeder, der von diesem Wasser trinkt,
wird wieder Durst bekommen.
14 Wer aber von dem Wasser trinkt,
das ich ihm geben werde,
wird in Ewigkeit nicht mehr dürsten,
sondern das Wasser,
das ich ihm geben werde,
wird in ihm zur Quelle eines Wassers,
das ins ewige Leben sprudelt.“
15 Spricht zu ihm die Frau:
„Herr,
gib mir dieses Wasser,
damit ich keinen Durst mehr habe
und zum Schöpfen nicht hierher zu kommen brauche!“

C: Predigt

Bei der Wanderung Jesu durch die Landschaft Samaria kommt es bei Sychar, einer Ansiedlung in der Nähe der Ruinen Sichems, zu einer zufälligen Begegnung mit einer samaritanischen Frau. Jesus hatte sich in der Mittagshitze an einem Brunnen niedergelassen, seine Jünger waren Lebensmittel einkaufen gegangen. Da kommt eine Frau zum Brunnen, um Wasser zu schöpfen. Jesus bittet sie, ihm zu trinken zu geben. Die Frau wundert sich, daß er sie überhaupt anspricht. Ein jüdischer Mann, eine samaritanische Frau – das ist ungewöhnlich und könnte leicht mißverstanden werden. Doch darum kümmert sich der Unbekannte nicht, sondern verwickelt sie in ein sonderbares Gespräch: „Wenn du die Gabe Gottes kennen würdest und wer der ist, der zu dir spricht: ‚Gib mir zu trinken!‘, dann hättest du ihn gebeten, und er hätte dir lebendiges Wasser gegeben.“ Man stelle sich das vor! Würde sie ihn kennen, sagt er, wäre die Sache umgekehrt. Dann würde sie ihn bitten, und er würde ihr schöpfen. Schöpfen? Womit? Der Fremde hat kein Schöpfgefäß und der Brunnen ist tief. Oder verfügt er über eine andere Quelle als die, aus der man schon seit Jakobs Zeiten trinkt? Ist ihm dieser alte Brunnen nicht gut genug? Jakob und seinen Nachkommen war er bis zum heutigen Tag jedenfalls ausreichend. Er versorgte sie und sogar ihre Herden. Da unten sprudelt eine Quelle und das Wasser ist frisch, nicht wie bei den Zisternen, aus denen es abgestanden und brackig schmeckt.

Der Fremde aber antwortet ihr: „Jeder, der von diesem Wasser trinkt, wird wieder Durst bekommen. Wer aber von dem Wasser trinkt, das ich ihm geben werde, wird in Ewigkeit nicht mehr dürsten". Mehr noch, dieses Wasser wird nicht nur allen Durst löschen, es wird in jenem, der davon trinkt, zur Quelle werden, die ins ewige Leben sprudelt. Ungeheuerlich, was dieser dürstende Fremde in der Mittagshitze am Brunnen sagt. Nie wieder Durst? Dieses Wasser müßte man haben! Sollte die Frau einem berühmten, ihr bislang leider völlig unbekannten Wundermann begegnet sein? Könnte der dafür sorgen, daß sie nie mehr zum Brunnen gehen muß? Das wäre herrlich! So bittet sie ihn, ihr dieses Wasser zu geben. Doch der Fremde übergeht ihre Bitte und lenkt das Gespräch auf ein anderes Thema.

Aus einer zufälligen, zwischen einem Juden und einer Samaritanerin gewiß nicht alltäglichen Begegnung am Jakobsbrunnen entspinnt sich ein ungewöhnlicher Dialog. Normalerweise würde sich eine samaritanische Frau auf ein Gespräch mit einem fremden Judäer gar nicht erst einlassen. Sie tut es, vielleicht, weil sie sich darüber wundert, daß er mit ihr spricht. Der Fremde scheint das Gespräch zu suchen, sich mitteilen zu wollen. Aber er spricht in Rätseln. Da redet er von lebendigem, allen Durst stillendem Wasser, das er geben könne, aber dann verbirgt er sich hinter dem Gesagten, so daß die Frau, wie sie sich auch dreht und wendet, im Dunkeln tappt. Sie mustert ihn und sieht kein Schöpfgefäß, womit der Fremde schöpfen könnte. Sie kann beim besten Willen keinen anderen Brunnen sehen, der diesem Wandersmann zur Verfügung stünde. Die Frau läßt nicht locker. Ihre Haltung ist vorbildlich. Sie wundert sich, fragt und möchte verstehen. Sie ist erfrischend neugierig. Alles Erkennen beginnt damit, daß man sich wundert und fragt. Nur worüber und wonach? Und was bringt's der Frau? Es ist, als ob sie mit Sieben schöpft. Der Fremde hat ihr sein Geheimnis verraten und versteht es zu wahren.

Aber noch mehr ist seltsam. Es ist bestimmt kein Zufall, daß das Gespräch ausgerechnet am Jakobsbrunnen stattfindet, zu einer Stunde, da die Sonne im Zenit steht. Jakob, der Vater des Volkes. An seinen tiefen Brunnen, aus dem er mit Generationen von Kindern und Kindeskindern, den Samaritanern, getrunken hat, scheint ein tieferer Brunnen, eine bis dahin unbekannte und unerkannte Quelle getreten zu sein. In der Frage der zum Schöpfen herbeigekommenen Samaritanerin ("Bist du denn größer als unser Vater Jakob“?) wird dies nur eben berührt, bleibt aber genauso geheimnisvoll wie der Fremde, der am Brunnen ausruht und vom Wasser des Lebens spricht, das allen Durst stillt.

Wie geht die Erzählung weiter? Den folgenden Äußerungen des fremden Geheimnisträgers muß die Frau überrascht entnehmen, daß er sie kennt und mit ihrer Lebensgeschichte vertraut ist. Er weiß etwas von ihr, was kaum einer weiß, und was dieser Fremde eigentlich nicht wissen kann. Noch einmal nimmt das Gespräch eine erstaunliche Wendung. Nachdem Jesus sich der Samaritanerin gegenüber als hellsichtig erwiesen hat, beginnt sie, ihn zu sehen und seine überlegene Höhe mit den miteinander konkurrierenden „Höhen der Verehrung“ der Väter in Beziehung zu setzen: „Herr, ich sehe, du bist ein Prophet. Unsere Väter haben auf diesem Berg (Garizim) verehrt, ihr Judäer aber sagt, in Jerusalem sei der Ort, wo man verehren soll.“ Darauf antwortet Jesus: „Es kommt die Stunde, sie ist nun da, wo die wahren Verehrer den Vater im Geist und in der Wahrheit verehren...Geist (ist) einzig Gott: die Verehrer müssen im Geist, also in (der) Wahrheit verehren.“ (4,19–24)

Was ist mit alledem gesagt? Offenbar nichts anderes, als daß die Samaritanerin in der Person jenes ihr gegenüberstehenden, sie kennenden, sie suchenden Juden den vor sich hat, der sich ihr aus unfaßbarer Tiefe und ebenso unfaßbarer Höhe mitteilt. Er teilt sich mit, ohne im Erkennen der Frau aufzugehen. Die ganze Rätselhaftigkeit dieser Begegnung wird nicht kleiner, sondern, je länger er mit ihr redet, größer. Eine letzte Verstehensmöglichkeit bietet sich der Frau. Sie weiß: der Christus wird kommen und befreiende Gotteserkenntnis bringen. Da sagt Jesus zu ihr: „Ich bin es, der mit dir redet.“ (4,25f.)

Was für eine Geschichte! Da sitzt ein erschöpfter Wanderer, der Christus, wie er von sich selbst sagt, in der Mittagshitze am Jakobsbrunnen, lüftet sein Geheimnis – und hütet es wie seinen Augapfel. Er redet und redet, seine Worte jedoch sind rätselhaft. Man weiß nicht, wie man mit ihm dran ist. Was die Frau seinen Worten entnimmt, entspricht ihr, aber nicht ihm. Das muß den Bach hinunter. Das Gespräch würde sich hoffnungslos im Kreise drehen, wenn ihm der Fremde nicht immer wieder eine überraschende Wendung gäbe und es voranbrächte, noch genauer, nach oben führte. Es geht aufwärts. Man hat das Gefühl, in einen Strudel geraten zu sein. Ob er der Christus ist? Die Quelle befreiender Gotteserkenntnis? Lebendiges Wasser – aus der Tiefe und Hoheit Gottes? Was sagte er doch?

Die Kreuzigung

A: Johannes 19,16–30

16 Da übergab er (Pilatus) ihn (Jesus) ihnen (den Anklägern),
daß er gekreuzigt würde.
17 Sie übernahmen ihn.
Und er trug sein Kreuz selbst zur sogenannten Schädelstätte,
auf hebräisch ‚Golgotha'.
18 Dort kreuzigten sie ihn,
und mit ihm zusammen zwei andere links und rechts neben ihm,
Jesus in der Mitte.

19 Pilatus aber hatte eine Inschrift verfassen
und am Kreuz anbringen lassen.
Auf der stand:
‚Jesus aus Nazareth, der König der Juden.'
20 Diese Inschrift lasen viele Juden,
denn die Stätte, da man Jesus gekreuzigt hatte,
lag in der Nähe der Stadt;
sie war auf hebräisch, lateinisch und griechisch abgefaßt.
21 Da sagten die Hohenpriester der Juden zu Pilatus:
„Schreibe nicht ‚König der Juden',
schreibe, daß er behauptet hat,
der König der Juden zu sein!"
22 Doch Pilatus antwortete:
„Was ich geschrieben habe, habe ich geschrieben!"

23 Nachdem die Soldaten Jesus ans Kreuz geschlagen hatten,
nahmen sie seine Kleider
und machten vier Teile daraus,
für jeden Soldaten einen Teil,
dazu das Untergewand.
Das Untergewand aber war ohne Naht,
von oben an ganz durchgewebt.
24 Da sagten sie zueinander:

„Laßt uns das nicht zerschneiden,
sondern losen, wem es gehören soll!"
So erfüllte sich die Schrift:
Sie haben meine Kleider unter sich aufgeteilt,
und über mein Gewand haben sie das Los geworfen.
(Ps 22,19)
Dies also taten die Soldaten.

25 Es standen aber bei Jesu Kreuz
seine Mutter und die Schwester seiner Mutter,
Maria, die Frau des Klopas, und Maria aus Magdala.
26 Jesus nun schaute auf seine Mutter
und auf den Jünger, den er liebte,
der bei ihr stand, und sagte zu seiner Mutter:
„Frau, sieh, das ist dein Sohn!"
Und zu dem Jünger sagte er:
„Sieh, das ist deine Mutter!"
27 Und von der Stunde an nahm der Jünger sie zu sich.

28 Danach wußte Jesus,
daß alles vollendet war.
Damit die Schrift erfüllt würde, sagte er:
„Mich dürstet!" (Ps 22,16)
29 Da stand ein Gefäß mit Essig.
Sie steckten einen Schwamm voll Essig
auf einen Ysopstengel
und brachten ihn an seinen Mund.
30 Als Jesus den Essig genommen hatte, sagte er:
„Es ist vollbracht",
neigte das Haupt und gab seinen Geist auf.

C: Predigt

Wir sind's gewohnt, den Weg Jesu ans Kreuz als den Weg eines ohnmächtig Leidenden anzusehen, der das Opfer bedauerlicher Umstände wurde – als ob Gott Karfreitag geschlafen hätte! Davon kann aber gar keine Rede sein. Nach dem Johannes-Evangelium ist Jesus nicht ohnmächtig leidendes Opfer, sondern mächtig Handelnder. Hier wird nicht geklagt. Hier werden keine Tränen vergossen. Jesus zittert nicht. Er bittet nicht, daß der Kelch an ihm vorübergehen möge. Jesus trägt sein Kreuz selbst. Alle Fäden hält er fest in seiner Hand. Er bringt zu Ende, was hier zu Ende zu bringen ist, nur er zu Ende bringen kann. Hier geschieht kein fremder, sondern sein Wille. Er will, daß sich der Unwille der Welt, ihre Feindschaft, ihre Krankheit zum Tode an ihm austobe und sterbe. Aber daß sie vertusche, an wem sie sich da versucht und vergreift, dazu fehlt ihr die Macht. Die Inschrift am Kreuz bleibt, sogar in allen Sprachen, wie der Evangelist hervorhebt. Der entscheidende Satz dieser Erzählung war während des Prozesses gefallen. Als es darum ging, Jesus zum Einlenken zu bewegen, hielt es Pilatus für angebracht, ihn eindringlich auf seine richterliche Gewalt hinzuweisen, damit er sich keinen Illusionen hingebe. Jesus antwortete ihm: „Du hättest keine Macht über mich, wenn sie dir nicht von oben her gegeben wäre." (Joh 19,10f.) – Das aber heißt, in diesem Geschehen geschieht Gottes Wille. Ein Chor von Klageweibern oder gar Klageengeln wäre darum völlig fehl am Platz.

Der Weg in die Fremde, den Jesus Christus in Übereinstimmung mit seinem Vater bis hin zur letzten Konsequenz, der Hingabe seines Lebens, beschreitet, ist kein grämlicher oder strauchelnder, sondern ein aufrechter, freier, ein gottgewollter, königlicher Weg. Ein Weg, der konsequent in der treuen Erfüllung der diesem König vorausgeeilten Kunde, bezeugt in der Schrift, von ihm beschritten wird. Nichts hält ihn dabei auf. Es gehört vielmehr konstitutiv zu seinem Auftrag, der gekreuzigte Messias Israels zu werden und als solcher souverän zu handeln. Dieses Werk will nicht bedauert oder bemitleidet, sondern gelobt und anerkannt sein: So kämpft er uns den Zugang zum ewigen Leben mit ihm frei, das uns anders verschlossen bliebe. Er selber ist dieser Zugang.

Die Kreuzigungserzählung des Evangelisten Johannes zeigt uns fünf Szenenbilder: Die Erzählung beginnt mit dem knappen Bericht, wie die Soldaten Jesus befehlsgemäß zum Richtplatz führen und ihn daselbst mit zwei anderen kreuzigen. Dann kehrt der Erzähler noch einmal an den Ort zurück, wo die Würfel für die Hinrichtung Jesu gefallen waren. Dort streitet man sich derweil um die Inschrift am Kreuz. Mit diesem Wissen werden wir wieder zum Hauptschauplatz geführt. Inzwischen sind die Soldaten zum Teilen der Beute übergegangen. Während dies geschieht, weist Jesus seine Mutter an den Jünger, den er liebte, und den Jünger an seine Mutter. Im fünften und letzten Abschnitt wird das befriedigende Wissen Jesu hervorgehoben, daß sein Werk vollbracht sei. Damit stirbt er.

Die für Jesu Kreuzigung Verantwortlichen finden nach getaner Arbeit keine Ruhe. Angehörige des Hohen Rates beschweren sich bei Pontius Pilatus, weil der eine Inschrift verfassen und am Kreuz hatte anbringen lassen, die auf ihren Widerspruch stoßen mußte: „Jesus aus Nazareth, der König der Juden." Diese Inschrift können die Ratsmitglieder, die Pilatus in die Enge getrieben und ihn als Prozeßherrn lächerlich gemacht hatten (18,28–40; 19,1–12), nur als beißenden Spott empfinden. Um ihr Ziel, die Hinrichtung Jesu, zu erreichen, hatten sie ja zuletzt damit gedroht, Pilatus, falls der ihnen nicht nachgäbe, bei passender Gelegenheit als Feind des Kaisers anzuschwärzen. Mit der Inschrift am Kreuz schwärzt er sie an. Jetzt benutzt er den Gekreuzigten, um ihre Unterwerfung manifest zu machen (19,15!). In dieser Auseinandersetzung können sich beide Seiten nur noch gegenseitig verhöhnen.

Damit nicht genug. Die Soldaten, die die ihnen zustehenden Kleider unter sich aufteilen und also machen, was sie bei der Hinrichtung eines Delinquenten normalerweise immer gemacht haben, sind als Erfüllungsgehilfen der Schrift in Anspruch genommen.

Vier Frauen stehen sprachlos und tatenlos unter dem Kreuz. Sie stehen in bewußtem Kontrast zu den vier mit dem Verteilen der Kleider beschäftigten Soldaten. Zwei von ihnen sind mit Jesus verwandt, die beiden anderen, mit Namen genannten Frauen nicht. Wie Jesu Mutter als Zeugin seines Eintritts in die Welt und jetzt seines Endes dasteht, so wird die nicht mit Jesus verwandte Maria aus Magdala, ebenfalls die Zeugin seines Endes, zur Zeugin seiner Auferstehung werden. Natürliche Verwandtschaftsbeziehungen werden nun aufgehoben. Der Mutter Jesu und dem Jünger, den Jesus liebte, wird gesagt, wie sie sich ansehen sollen: sie sollen wie Mutter und Sohn einander annehmen. Ihm können sie nicht helfen, er hilft ihnen. Aber nicht Jesu Mutter nimmt den Jünger bei sich auf, der Jünger nimmt Jesu Mutter (in sein Zeugesein!) auf.

Die spannungsvolle Darstellung verläuft insgesamt merkwürdig ruhig. Das freie, souveräne Handeln Jesu ist so stark gezeichnet, daß man fast den Eindruck gewinnt, er handelt allein, während die anderen nur eine seinem Handeln untergeordnete, an seinem Handeln gemessene Nebenrolle spielen. Es nützt Jesu Feinden nichts, sich ihm zu widersetzen. Indem sie ihn aus dem Wege räumen, machen sie sich selbst unmöglich und lächerlich. Und was haben die Soldaten davon, daß sie seine Kleider unter sich verteilen? Es hilft ihnen nichts, auch wenn sie mit ihrem Anteil grölend von dannen zögen. Den sie verhaftet hatten, der selber hatte sich in ihre Hände ausgeliefert. Selbst ihrem bösen Befehl und Auftrag gehorchend, können sie ihm nur dienen. Während sie ihre Beute sichten, wird die Weisung des Gekreuzigten laut und setzt sich, von ihnen noch unbemerkt, unaufhaltsam durch. So oder so – in diese Geschichte sind sie alle einbezogen, der Tod wird verschlungen in den Sieg, es ist vollbracht.

Die Schlußszene bildet den Höhepunkt der Erzählung. Sie ist so wichtig, daß sie nicht übersehen werden darf. Denn wer, außer Christus selbst, könnte im Vollzug dieses Geschehens die Übersicht behalten und tatsächlich wissen, daß nun alles vollendet wäre, und er es vollbracht hätte? Etwa Pilatus? Die Soldaten? Die Frauen unter dem Kreuz? Der Lieblingsjünger? Jenen Geschehnissen an sich war es nicht anzumerken, daß sich in ihnen und unter ihnen Gottes guter Wille ereignet und in Christus endgültig durchgesetzt hat. Auch für den Evangelisten Johannes steht kein Aussichtsturm bereit, von dem aus sich die Sache gemächlich überblicken und einfach feststellen ließe. Auch er verfügt nicht über höhere Einsichten, als ob ausgerechnet am Sterben Jesu der Sieg ablesbar, aus der Art dieses Sterbens als solchem herauszufiltern gewesen wäre. Hier konnte nur Gott wissen, daß alles vollendet, sein Sohn es vollbracht und gut gemacht hatte. Man denke an jene Erzählung in der Bibel, nach welcher Gott das Werk seiner Hände anschaute und sah, daß es gut war. Da war nur er und niemand als er dabei. Daß es sich auch hier so und nicht anders verhält, an diesem Wissen konnte und kann nur der erhöhte Menschensohn, indem er uns anspricht und uns die Augen öffnet, Anteil geben.

Der Ostermorgen

A: Johannes 20,1–18

1 Am ersten Tag der Woche aber kommt Maria von Magdala frühmorgens,
als noch Dunkelheit ist,
zu dem Grab und sieht
den Stein aus dem Grab weggenommen.
2 Da läuft sie
und kommt zu Simon Petrus und zu dem anderen Jünger,
den Jesus liebte,
und spricht zu ihnen:
„Sie haben den Herrn aus dem Grab weggenommen,
und wir wissen nicht,
wohin sie ihn gelegt haben!“

3 Da gingen Petrus und der andere Jünger hinaus,
und sie kamen zu dem Grab.
4 Es liefen aber die beiden zusammen.
Und der andere Jünger lief schneller voraus als Petrus
und kam als erster zum Grab.
5 Und sich vorbeugend
sieht er die Leinenbinden liegen,
ging allerdings nicht hinein.
6 Nun kommt auch Simon Petrus ihm folgend
und ging in das Grab hinein.
Er sieht die Leinenbinden liegen
7 und das Schweißtuch,
das auf seinem Haupte war,
nicht mit den Leinenbinden liegend,
sondern für sich zusammengefaltet an einem eigenen Platz.
8 Dann ging auch der andere Jünger hinein,
der zuerst zum Grabe gekommen war.
Er sah und glaubte.
9 Denn sie verstanden noch nicht die Schrift,
daß er aus den Toten auferstehen muß.

10 Also kehrten sie wieder zu den Jüngern zurück.

11 Maria aber stand draußen bei dem Grab und weinte.
Wie sie nun weinte,
beugte sie sich in das Grab vor.
12 Und sie sieht zwei Engel in leuchtenden Gewändern,
einer zu Häupten und einer zu Füßen sitzend,
wo der Leib Jesu gelegen hatte.
13 Und jene sprechen zu ihr:
„Frau, warum weinst du?“
Spricht sie zu ihnen:
„Sie haben meinen Herrn weggenommen,
und ich weiß nicht,
wohin sie ihn gelegt haben!“
14 Dies sagend, wandte sie sich nach hinten um,
sieht Jesus stehend –
und wußte nicht,
daß es Jesus ist.
15 Spricht Jesus zu ihr:
„Frau, warum weinst du?
Wen suchst du?“
Jene meinend, daß es der Gärtner sei, spricht zu ihm:
„Herr, wenn du ihn weggetragen hast,
sage mir,
wohin du ihn gelegt hast,
ich will ihn holen.“
16 Spricht Jesus zu ihr:
„Maria!“
Da wandte sich jene um und spricht zu ihm auf Hebräisch:
„Rabbuni!“
Das heißt: „Mein Lehrer!“
17 Spricht Jesus zu ihr:
„Berühre mich nicht!
Denn ich bin noch nicht zum Vater aufgestiegen.
Geh aber zu meinen Brüdern und sage ihnen:
‚Ich steige auf zu meinem Vater und zu eurem Vater,
zu meinem Gott und zu eurem Gott.‘“
18 Maria von Magdala kommt und meldet den Jüngern:
„Ich habe den Herrn gesehen!“
und dies habe er ihr gesagt.

C: Predigt

Diese Ostererzählung ist eine in jeder Hinsicht bemerkenswerte, eine geradezu verrückte Geschichte. Der Verdacht des Grabraubes spielt eine Rolle, ein Wettlauf zum Friedhof findet statt, eine Frau, Maria aus Magdala, wird wie in einem Tanze zur Erkenntnis des lebendigen Herrn geführt. Es gab offenbar sehr verschiedene Möglichkeiten, von Tod und Auferweckung Jesu zu erzählen. Jeder Evangelist erzählt aus seiner Sicht und mit seiner Absicht. Jeder liefert seinen besonderen Beitrag und folgt dabei seiner eigenen Weise, die Geschichte aller Geschichten zu erzählen.

Wo fängt man an, wenn man die Ostergeschichte erzählen will? Alle Ostergeschichten beginnen am „ersten Tag der Woche" nach der Kreuzigung Jesu. Bei Markus ist gerade die Sonne aufgegangen, als sich drei Frauen auf den Weg zum Grabe machen (16,2), bei Lukas graut der Morgen (24,1) und bei Matthäus leuchtet es eben zum ersten Tag der Woche auf (28,1). Bei Johannes aber herrscht noch Dunkelheit. Fängt man im Dunkeln an?

Maria aus Magdala kommt im Dunkeln zum Grab. Wegen des Sabbats war Jesus eilig vom Kreuz genommen worden. Doch nicht die Feinde, sondern seine Freunde hatten von Pilatus den Leichnam zur Bestattung ausgehändigt bekommen. Er war nicht verscharrt worden, Jesus hatte in einem nahen Garten ein ehrendes Begräbnis in einem neuen Grab erhalten. Dort hätte man ihn ganz für sich haben und zu seinem Mausoleum regelmäßig pilgern können. Sein Leichnam war mit Binden umwickelt worden, Nikodemus hatte für mehrere Kilogramm aromatischer Substanzen gesorgt (19,38–42). Das würde für eine Weile reichen. Maria kommt im Dunkeln zum Grab und macht eine erste Entdeckung: Der Stein ist weg! Hals über Kopf eilt sie davon und meldet es den Jüngern. Der von ihnen so würdig beigesetzte Leichnam scheint geraubt worden zu sein! Nicht einmal des Toten Ruhe wurde respektiert.

Nun laufen Petrus und der andere Jünger, den Jesus liebte, zum Grab um die Wette, um sich von dem, was Maria ihnen gesagt hatte, zu überzeugen. Der andere ist schneller als Petrus, sieht, sich vorbeugend, die Leinenbinden liegen, geht aber nicht in das Grab hinein. Er wartet auf den etwas langsameren Petrus. Der geht hinein und sieht noch mehr: Leinenbinden, aber auch ein säuberlich zusammengefaltetes Schweißtuch, mit dem das Haupt des Toten verhüllt worden war. Die Grabhöhle ist leer. Was war geschehen? Maria hatte mit ihrer Befürchtung offensichtlich recht. Jesu Leichnam ist verschwunden. Wer tut so etwas? Welcher Grabräuber faltet ein Schweißtuch fein säuberlich zusammen? Höchst seltsam. Da hat jemand den Dreh gefunden, einen Toten spurlos verschwinden zu lassen. Die Jünger kommen nicht weiter. Es ergibt sich einfach keine heiße Spur. Oder doch? Sah einer von beiden, ohne zu sehen (20,29!)? Die beiden Jünger gehen wie Sherlock Holmes und Doktor Watson gedankenversunken davon.

Maria tritt wieder ins Blickfeld. Sie steht draußen am Grabe und weint. Endlich wagt auch sie einen vorsichtigen Blick in das Grab hinein und sieht zwei Engel in weißen Gewändern, die den leeren Platz beleuchten, wo einmal der Tote lag. Die fragen sie nach dem Grund ihres Weinens. Warum weint Maria? Es steht schlimm mit ihr, Maria weint, weil sie keinen Grund hat, weil ihr der Grund ihres Weinens, der Gegenstand ihrer Klage gestohlen wurde. Die Ärmste klagt nun noch viel mehr, daß sie nicht mehr richtig klagen kann.

Danach dreht sich Maria um ganze einhundertachtzig Grad. Sie sieht Jesus stehen und weiß nicht, daß es Jesus ist. Woher sollte sie dies auch wissen, denn ihr Jesus war ja verschwunden. Jenen hält sie nur für den Friedhofsgärtner. Und nun wiederholt sich noch einmal derselbe Dialog wie mit den Engeln. Der vermeintliche Gärtner fragt, wen sie suche. Wen sucht Maria? Maria sucht den teuren Toten, dem sie bleibendes Angedenken schenken möchte. Sie braucht diesen Anhalt, braucht eine Reliquie im Schrein, um Klage und Erinnerung recht pflegen zu können. Sie will den ohne ihr Einverständnis umgebetteten Toten wiederhaben.

Auf einmal wird sie mit ihrem eigenen Namen angeredet. Sie wendet sich noch einmal um. Dies kann man sich kaum noch vorstellen, denn nach dieser zweiten Drehung würde sie ja mit dem Rücken zu Jesus stehen! Was sieht man, wenn man mit dem Rücken zu jemand steht? Was sieht Maria? Ihre Anrede „Rabbuni“ in der vertrauten Sprache von früher zeigt, daß sie in dem, der sie mit ihrem Namen ansprach, den Jesus von früher erkennt. Der Jesus von früher aber steht hinter ihr. Sie sieht ihn hinter sich. Es ist der Jesus vor seinem Tod, den Maria, rückwärts gewandt, zu erkennen meint. Den möchte sie gern berühren, um mit ihm zu sein – als hätte es Kreuz und Tod nicht gegeben. Das aber wird ihr ausdrücklich untersagt. Sein Ort ist nicht hinter Maria von Magdala, Jesus kehrt nicht in ihre gemeinsame Vergangenheit zurück, sein Ort ist beim Vater, zu dem er zu gehen soeben im Begriffe ist. Ist er bei dem, dann kann er trotz Trennung und Tod als der zur Rechten Gottes lebende Herr zu seinen Geschwistern kommen und bei ihnen in der Welt sein. Das Alte ist auch für ihn vergangen.

Eine verblüffende Geschichte. Wie in einem Tanze wird Maria Schritt für Schritt zur Erkenntnis geführt. Zuerst erfahren wir, wie sie im Dunkeln zum Grabe kommt, eine düstere Veränderung wahrnimmt und die Jünger alarmiert. Aber sie ist selbst im Dunkel und weint. Dann wird klar, daß sie grundlos weint und den Grund dafür wiederhaben möchte. Sie dreht sich herum und sieht den vermeintlichen Gärtner. Der spricht sie mit Namen an. Sie dreht sich noch einmal herum und sieht den vermeintlich wiederbelebten Jesus, den sie viel lieber als einen Toten festhalten möchte. Doch der entwindet sich ihrem Zugriff, um zu Gott zu gehen. Maria muß jetzt nicht nur den toten Jesus, sie muß auch noch den vergangenen Jesus loslassen. Der wahre Ort Jesu ist nicht das Grab. Sein wahrer Ort ist auch nicht seine Vergangenheit oder die Rückkehr des Vergangenen in die Gegenwart. Sein Ort ist bei seinem und bei ihrem Vater, der die Trennung zwischen ihm und seinen Geschwistern in der Welt überwinden kann. Von dort wird er kommen und neue Gemeinschaft schaffen. Dies soll sie den anderen, bevor er selber kommt und sie aufrichtet, vorab schon bestellen. Sie macht es auch und sagt, sie habe Jesus als den Herrn gesehen.

Was wird hier erzählt?

Hier wird erzählt, daß jenen Menschen vor uns, die den Herrn gesehen haben, die Ostererscheinungen alles andere als selbstverständlich waren. Auch sie mußten durch ihn aus dem Dunkel geführt werden. Auch sie mußten durch ihn aus Befangenheit, Mißverständnis, Furcht und Vorbehalt wie aus Totentüchern ausgewickelt und Schritt für Schritt zur Erkenntnis geführt werden. Auch sie waren keineswegs besser dran als wir. Religiosität half ihnen so wenig wie der ihnen so oft unterstellte Wunderglaube. Der auferstandene Herr half ihnen und drehte sie, wie in frohem Tanze, zu sich um. Sie kamen zu ihm, weil er zu ihnen gekommen war. Dann aber gab es kein Halten mehr. Sie mußten sich flugs auf den Weg machen und die Geschichte aller Geschichten erzählen.